基于大数据分析的
高校图书馆信息服务创新研究

韩 怡 ◎ 著

吉林出版集团股份有限公司

图书在版编目（CIP）数据

基于大数据分析的高校图书馆信息服务创新研究 ／
韩怡著. — 长春：吉林出版集团股份有限公司，2023.5
ISBN 978-7-5731-3184-3

Ⅰ. ①基… Ⅱ. ①韩… Ⅲ. ①院校图书馆－图书馆工
作－情报服务－研究 Ⅳ. ①G258.6

中国国家版本馆CIP数据核字（2023）第072646号

基于大数据分析的高校图书馆信息服务创新研究

JIYU DASHUJU FENXI DE GAOXIAO TUSHUGUAN XINXI FUWU CHUANGXIN YANJIU

著　　者	韩　怡
责任编辑	齐　琳
封面设计	林　吉
开　　本	787mm×1092mm　　1/16
字　　数	230千
印　　张	10.75
版　　次	2023年5月第1版
印　　次	2024年1月第1次印刷

出版发行　吉林出版集团股份有限公司

电　　话　总编办：010-63109269

　　　　　　发行部：010-63109269

印　　刷　廊坊市广阳区九洲印刷厂

ISBN 978-7-5731-3184-3　　　　　　　　　　定价：78.00元

前　言

　　"大数据"是继"Web2.0""云计算"之后流行于互联网和现实生活中的关键词汇，不仅成为学者相继引用的热门概念，也成为引领与IT相关行业的风向标。当前，IT界及各大厂商已经看到了大数据蕴含的商业价值，开展了一定的产品研发与商业应用，而对于存储信息、传播知识、提供信息服务的高校图书馆来说，如何运用大数据思维，采用先进科学技术，从大数据中去分析和挖掘潜在的有价值的信息，创新和提高自己的信息服务模式和能力，改善用户获取信息和利用知识的服务平台，将越来越成为其今后业务的主要内容，也是其构筑核心竞争力的重要途径。

　　高校图书馆信息服务工作是面向大众的，要随时根据读者的需求，进行创新与改善，所以信息服务要与时俱进，在大数据时代到来之际，用长远的眼光看到它未来的发展，在它出现之初，就及时将其引用到图书馆服务中，创新图书馆服务，从而构筑图书馆的核心竞争力。

　　本书对图书馆信息服务、高校图书馆信息服务、大数据对高校图书馆信息服务的影响、大数据时代高校图书馆信息服务创新措施、大数据时代构建完善的高校图书馆信息服务模式等方面进行研究探讨。

　　由于作者水平有限，加之成书时间仓促，难免有不妥之处，敬请各位读者批评指正。

作　者

2022 年 11 月

目　　录

第一章　大数据概述

第一节　大数据概念

一、大数据产生背景

当人们对"物联网""云计算""移动互联网"等词语还感觉模糊时，"大数据"（Big Data）又横空出世，并且已发展成燎原之势。同时，传感网、物联网、社交网络等技术迅猛发展，引发数据规模爆炸式增长，各种视频监控、监测、感应设备也源源不断地产生巨量流媒体数据，能源、交通、医疗卫生、金融、零售业等各行业也有大量数据不断产生，积累了 TB 级、PB 级的大数据。大数据已经开始造福于人类，成为信息社会的宝贵财富。

大数据泛指大规模、超大规模的数据集，因为可以从中挖掘出有价值的信息而备受关注，但传统方法无法进行有效分析和处理。《华尔街日报》将大数据时代、智能化生产和无线网络革命称为引领未来繁荣的三大技术变革。"世界经济论坛"报告指出大数据为新财富，价值堪比石油。因此，目前世界各国纷纷将开发利用大数据作为夺取新一轮竞争制高点的重要举措。

当前大数据分析者面临的主要问题有：数据日趋庞大，无论是入库还是查询，都出现性能瓶颈；用户的应用和分析结果呈整合趋势，对实时性和响应时间要求越来越高；使用的模型越来越复杂，计算量呈指数级上升；传统技能和处理方法无法应对大数据挑战。

可喜的是，学术界、工业界甚至政府机构都已经开始密切关注大数据问题，并对其产生浓厚的兴趣。就学术界而言，《Nature》和《Science》等国际顶级学术期刊相继出版专刊探讨大数据问题。2008 年《Nature》出版了"Big Data"专刊，从互联网技术、网络经济学、超级计算、环境科学、生物医学等多个科技方面介绍大数据带来的挑战。《Science》也在 2011 年推出数据处理"Dealing with Data"专刊，讨论大数据所带来的挑战和大数据科学研究的重要性。IT 产业界如 IBM、Google、亚马逊、Facebook 等国际知名企业都是大数据的主要推动者，相继推出了各自的大数据产品。国内的大数据企业代表有百度、阿里巴巴、腾讯等。可以说，大数据兴起的另一重要原因是经济利益驱动。大数据是一个具有国家战略意义的新兴产业，作为国家和社会的主要管理者，各国政府机构也是大数据技术的主要推动者。大数据已引起了产业界、科技界和政府部门的高度关注。

大数据已在网络通信、医疗卫生、农业研究、金融市场、气象预报、交通管理、新闻报道等方面广泛应用。大数据背后隐藏着大量的经济与政治利益，尤其是通过数据整合、分析与挖掘，其所表现出的数据整合与控制力量已经远超以往。可以说，现在大数据研究已经成为社会发展和技术进步的迫切需要。

二、大数据概念

最早提出"大数据"时代到来的是全球知名咨询公司麦肯锡，该公司在《大数据：创新、竞争和生产力的下一个前沿领域》报告中称："数据，已经渗透到当今每一个行业和业务职能领域，成为重要的生产因素。人们对于海量数据的挖掘和运用，预示着新一波生产率增长和消费者盈余浪潮的到来。"大数据指的是大小超出常规的数据库工具获取、存储、管理和分析能力的数据集。同时强调，并不是说一定要超过特定 TB 级的数据集才能算是大数据。大数据是云计算、物联网之后 IT 行业又一大颠覆性的技术革命。

（一）大数据定义

那么，大数据的定义是什么呢？一般而言，大家比较认可关于大数据从早期的 3V、4V 说法到现在的 5V（新增 Value）。大数据的 5 个"V"，业界将其归纳为 Volume、Velocity、Variety、Veracity、Value，实际上也就是大数据包含的 5 个特征及意义：第一，数据体量（Volume）巨大。收集和分析的数据量非常大，从 TB 级别，跃升到 PB 级别，但在实际应用中，很多企业用户把多个数据集放在一起，已经形成了 PB 级的数据量。第二，处理速度（Velocity）快，需要对数据进行近实时的分析。以视频为例，连续不间断监控过程中，可能有用的数据仅仅一两秒。这一点和传统的数据挖掘技术有着本质的不同。第三，数据类别（Variety）大，大数据来自多种数据源，数据种类和格式日渐丰富，包含结构化、半结构化和非结构化等多种数据形式，如网络日志、视频、图片、地理位置信息等。第四，数据真实性（Veracity）。大数据中的内容是与真实世界中的发生息息相关的，研究大数据就是从庞大的网络数据中提取出能够解释和预测现实事件的过程。第五，价值密度低，商业价值（Value）高。通过分析数据可以得出如何抓住机遇及收获价值。

维基百科对大数据的定义则简单明确：大数据是指利用常用软件工具捕获、管理和处理数据所耗时间超过可容忍时间的数据集。也就是说大数据是一个体量特别大、数据类别特别大的数据集，并且这样的数据集无法用传统数据库工具进行抓取、管理和处理。

（二）大数据来源

大数据集通常是 PB 级或 EB 级的大小。这些数据集有各种各样的来源：传感器、气候信息、公开的信息，如杂志、报纸、文章，还包括购买交易记录、网络日志、病历、军事监控、视频和图像档案，以及大型电子商务等。当前，依据来源不同，大数据大致分为如下几种类型：

1. 来自人类活动：人们通过社会网络、互联网、健康、金融、经济、交通等活动过程所产生的各类数据，包括微博、病人医疗记录、文字、图形、视频等信息。

2. 来自计算机：各类计算机信息系统产生的数据，以文件、数据库、多媒体等形式存在，也包括审计、日志等自动生成的信息。

3. 来自物理世界：各类数字设备、科学实验与观察所采集的数据。如摄像头不断产生的数字信号，医疗物联网不断产生的人的各项特征值，气象业务系统采集设备收集的海量数据等。

一般来说，大数据应用系统建设包含"数据采集""数据存储""数据挖掘""数据分析""数据展示与应用"五个步骤。其中，数据的采集、存储是大数据系统建设的基础，为系统提供有效的数据来源，而数据采集和存储依赖于实际的图书馆相关信息系统数据来源。

1. 针对不同接口类型信息系统的数据采集方式

相关业务系统的数据接口主要有三种方式，即"直接开放数据库接口""开放程序接口"及"不开放接口"。针对这三种类型，对于直接开放数据库接口的平台采用数据库直接采集，对于开放程序接口的平台利用其 API 进行数据获取，对于不开放接口的平台，利用爬虫等技术提取其 Web 页面内数据。

2. 针对不同类型数据库的数据转换、存储方式

数据采集是第一步，采集到的数据结构各异、数量庞大，需要经过必要的数据转换、数据存储和数据关联，才能作为图书馆大数据分析实验系统的可用数据。步骤如下：

一是对采集到的结构化数据进行预处理。从各信息系统采集到的原始数据，并非所有字段都是大数据应用所必需的，数据须经过抽取、转换、加载，这个过程是数据清洗的过程，即 ETL。根据大数据应用系统的分析需要，对数据字段进行选择。

二是对预处理的数据进行存储。与"传统"数据相比，大数据不再集中化、高度结构化并且易于管理，相反，其数据高度分散、结构松散（如果存在结构的话）并且体积越来越大。对于大数据的存储，传统的关系型数据库不能满足需要，功能和性能都达不到要求，需要采用相应的处理技术。

（三）大数据处理的挑战

大数据时代数据存在多源异构、分布广泛、动态增长、先有数据后有模式等诸多特点。正是这些与传统数据处理不同的特点，使得大数据时代数据管理面临新的挑战。目前大数

据处理和分析工具却相当落后，问题很严重：在大数据背景下，传统的数据分析软件都是失效的，通过目前主流软件工具，无法在合理时间内获取数据、管理数据、处理数据，并整理成为帮助企业经营或主管部门决策的数据，在应对处理大数据时代的各种技术挑战过程中，以下几个方面问题需高度关注。

1. 数据的异构性和不完备性

大数据的广泛存在和来源的多样性使数据越来越多分散在不同的数据管理系统中，目前采集到的 85% 以上是非结构化和半结构化的数据，不能用已有的简单数据结构来描述它们。而传统关系数据库无法高效处理复杂的数据结构表示的数据，但处理同质的数据则非常有效。因此，如何将数据组织成合理的结构，进行数据的集成是大数据处理面临的一个重要挑战问题。

数据的不完备性是指在大数据条件下所获取的数据，常常包含一些不完整的信息和错误的数据。在进行大数据分析处理之前必须对数据的不完备性进行有效处理才能分析出有价值的信息，通常在数据采集与预处理阶段完成。例如，某医疗过程数据一致且准确，但遗失某些患者既往病史，从而存在不完备性，可能导致不正确的诊断甚至严重医疗事故。由于大数据的 5 类特征存在，对不完备性处理方法是一项挑战，为表述信息，提出了另一种关系数据库的扩展模型，给出了封闭世界假设和开放世界假设的概念。"open null"的概念，提出了在封闭式假设下数据库缺失属性值的表示方法。另外，在概率数据管理方面的一些研究成果会为未来的不确定、不完备的数据管理提供新的方法。可以说，大数据异构性和不完备性处理即数据集成问题将是大数据处理面临的首要挑战问题。

2. 数据处理的时效性

传统的数据分析主要针对结构化数据，利用数据库技术来存储结构化数据，并在此基础上构建数据仓库进行联机分析处理（On-Line Analytical Processing，OLAP）。现有方法在处理相对较少的结构化数据时极为高效，但对于大数据而言，半结构化和非结构化数据量的迅猛增长，给传统数据分析处理带来巨大冲击和挑战。

随着时间的流逝，数据中所蕴含的知识价值也随之衰减，因此，大数据处理的速度非常重要。一般来讲，数据规模越大，分析处理时间就会越长，而在许多情况下，用户要求立即得到数据的分析结果。大数据则要求为复杂结构的数据建立合适的索引结构，这就要求索引结构的设计简单、高效，能够在数据模式发生变化时很快进行调整适应。在数据模式变更的假设前提下，设计新的索引方案将是大数据处理面临的主要挑战之一。大数据存储系统的要求是：高可用、低成本、高性能、低开销。

3. 数据的安全与隐私保护

隐私问题由来已久。互联网技术的发展使数据的传输、共享更加便利，而数据隐私问题则越来越严重。人们在互联网上的一言一行都掌握在互联网商家手中，例如淘宝知道用户的购物习惯、腾讯知道用户的好友联络情况、百度知道用户的检索习惯等。大数据的隐私保护与安全是大数据分析和处理的一个重要方面。

大数据的隐私保护既是技术问题也是社会学问题，需要学术界、商业界和政府部门共同参与。随着民众隐私意识的日益增强，合法合规地获取数据、分析数据和应用数据，是进行大数据分析时必须遵循的原则。

与传统安全相比，大数据时代的安全变得更加复杂，面临更多挑战。如何在大数据环境下确保信息共享的安全性和如何为用户提供更为精细的数据共享安全控制策略等问题值得深入研究。

4. 大数据能耗问题

大数据规模在不断扩张，而能源价格却持续上涨，同时数据中心存储规模不断扩大，高能耗已逐渐成为制约大数据快速发展的一个主要瓶颈。要实现低成本、低能耗、高可靠性目标，通常要用到冗余配置、分布式和云计算技术，在存储时要按照一定规则对数据进行分类，通过过滤，减少存储量，同时进行索引便于查询操作。大数据管理系统中，能耗主要由2大部分组成：硬件能耗和软件能耗，二者之中又以硬件能耗为主。从已有的一些研究成果来看，可以考虑以下两个方面来改善大数据能耗问题：采用新型低功耗硬件，建立计算核心与二级缓存的直通通道，从应用、编译器、体系结构等多方面协同优化；引入可再生的新能源。

5. 大数据管理易用性问题

大数据时代，数据的数量和复杂度的提高给数据的处理、分析、理解和呈现带来极大挑战。从开始的数据集成到数据分析，到最后的数据解释过程，易用性贯穿于整个大数据处理的流程。易用性的挑战突出体现在两个方面：首先大数据的数据量大，分析更复杂，得到的结果更加多样化，其复杂程度已远超传统的关系数据库；其次大数据已广泛渗透到人们生活的方方面面，复杂的分析过程和难以理解的分析结果制约了各行各业从大数据中获取知识的能力，大数据分析结果的可视化呈现将是大数据管理易用性的又一挑战问题。

（四）大数据与云计算、互联网之间的关系

大数据产生有其必然性，主要归结于互联网、移动设备、物联网和云计算等快速崛起，全球数据量大幅提升。可以说，移动互联网、物联网以及云计算等热点崛起在很大程度上是大数据产生的原因。要了解大数据的概念，就必须了解大数据与云计算、物联网、移动互联网之间的关系。

《互联网进化论》一书中提出"互联网的未来功能和结构将与人类大脑高度相似，也将具备互联网虚拟感觉、虚拟运动、虚拟中枢、虚拟记忆神经系统"，并绘制了一幅互联网虚拟大脑结构图，形象生动地描绘了大数据、物联网、云计算等之间的关系。

因此，大数据与云计算两者是相辅相成的。云计算和大数据实际上是工具与用途的关系，即云计算为大数据提供了有力的工具和途径，大数据为云计算提供了用武之地。

1. 物联网的概念与特征

物联网（The Internet of Things）是新一代信息技术的重要组成部分，是互联网的应用拓展，广泛应用于智能交通、环境保护、政府工作、公共安全、平安家居、智能消防、气象灾害预报、工业监测、个人健康、照明管控、情报收集等诸多领域。物联网、移动互联网和传统互联网，每天都产生海量数据，为大数据提供数据来源，而大数据则通过云计算的形式，将这些数据分析处理，提取有用的信息，这就是大数据分析。

物联网的基础和关键核心是互联网，可以理解为一种在互联网基础上的延伸和扩展的网络，被称为继计算机、互联网之后世界信息产业发展的第三次浪潮。实现了任何物品与物品之间进行信息交换和通信，最后再利用智能计算技术对接收到的大量数据和信息进行分析处理，从而对物品智能化的控制。"物联网"的关键元素是各种信息传感设备及其系统（包括红外线感应器、RFID 系统、传感器、条形码、定位系统等），将物与物通过相关的网络协议连接起来，进行智能化监控、识别、定位，使得物联网下的每个物体都是可控可通信的，智慧图书馆就是利用这一点建设成为全面感知、立体互联、共事协同的图书馆，实现了互联、高效的管理。

2. 云计算的概念与特征

云计算（cloud computing）也是继个人计算机变革、互联网变革之后的第三次大变革，是我国战略性新兴产业的重要组成部分。它将带来生活、生产方式和商业模式的根本性改变，云计算目前已成为全社会关注的热点。狭义云计算是指 IT 基础设施的交付和使用模式，通过网络以按需、易扩展的方式获得所需资源；广义云计算是指服务的交付和使用模式，通过网络以按需、易扩展的方式获得所需服务。这种服务可以是 IT 和软件、与互联网相关，也可以是其他服务。它意味着计算能力也可作为一种商品通过互联网进行流通，其基本原理就是将繁杂的计算分析和存储，根据设定的规则进行分解，分发给网络中的其他计算机，联合计算分析和存储数据，达到计算速度和处理能力提高的目的。通过这项技术，网络服务的提供者可以在数秒之内，处理数以亿计的信息量，实现和"超级计算机"同样强大效能的网络服务。

3. 智慧图书馆是云计算与物联网的结合

（1）云计算与物联网之间的联系和作用

近年来，云计算与物联网已成为全球热点问题，两者的结合使得建设智慧图书馆成为可能。云计算与物联网之间是应用与平台的关系，一方面，物联网依赖云计算系统为其传感设备收集得到的海量物联信息提供分析处理和整合；另一方面，云计算所具备的数据分析处理和管理能力可以很好地解决海量物联信息存储和处理问题。实际上，没有云计算平台支持的物联网其实价值并不大，因为小范围传感器信息的处理和数据整合是早就有了的技术，如工控领域的很多系统都是这种模式，没有被广泛整合的传感器系统是不能被准确地称为物联网的。智慧图书馆就是通过传感器将图书馆的建筑环境、文献资源、会员信息、服务对象情况以及设备资产等诸多数据，实时地传递到云计算平台中进行分析处理，再将这些智能化分析后的结果反馈到图书馆的智能化管理平台中，进而对相应目标对象提供服务，实现图书馆文献管理、读者服务、馆舍监控、馆舍消防等的智能化，极大地节约了社会成本。

（2）智慧图书馆的概念和特点

2008年，彭明盛提出了"智慧的地球"概念，指出智能技术正应用到生活的各个方面，如智慧的医疗、智慧的交通、智慧的电力、智慧的食品、智慧的货币、智慧的零售业、智慧的基础设施甚至智慧的城市，这使地球变得越来越智能化。给人类社会描绘出了明天的模样，同时也指出，更透彻的感应、更全面的互联互通、更深入的智能洞察是智慧的地球的三大推动力。未来是绿色的，未来是智慧的。面对智慧的地球，图书馆也应向智慧的方向发展，它应该是基于物联网（二维条码、射频识别系统、IPv6、短距离无线通信、传感器）、云技术（云计算、云存储、云服务）的集合体，目前，智慧图书馆方面的研究文献很多，但至今对其还没有一个公认的确切定义。

未来要建设的智慧图书馆需具备以下三个特点：首先它是互联的图书馆，具备全面感知、立体互联、共事协同的特点；其次它是高效的图书馆，具备节能低碳、灵敏便捷、整合集群的特点；最后它还是便利的图书馆，具备无线泛在、就近一体、个性互动的特点。

三、大数据技术

大数据处理技术正在改变当前计算机的运行模式，正在改变着这个世界。它能处理几乎各种类型的海量数据，无论是微博、文章、电子邮件、文档、音频、视频，还是其他形态的数据，它实时、高效、可视化呈现结果。它依托云计算将计算任务分布在由大量计算机构成的廉价的资源池上，使用户能够按需获取计算资源、存储资源、网络资源和信息服务。云计算技术的应用使得大数据处理和利用成为可能。

大数据作为信息金矿，对其采集、传输、处理和应用的相关技术就是大数据处理技术，是一系列使用非传统的工具来对大量的结构化、半结构化和非结构化数据进行处理，进而获得分析和预测结果的一系列数据处理技术，或简称大数据技术。

（一）数据技术框架

根据大数据处理的生命周期，大数据的技术体系涉及大数据的采集与预处理、大数据存储与管理、大数据计算模式与系统、大数据分析与挖掘、大数据可视化分析及大数据隐私与安全等几个方面。

1. 大数据的采集与预处理

大数据的一个重要特点就是数据源多样化，包括数据库、文本、图片、视频、网页等各类结构化、非结构化及半结构化数据。因此，大数据处理的第一步是从数据源采集数据并进行预处理和集成操作，为后续流程提供统一的高质量的数据集。

现有数据抽取与集成方式可分为四种类型：基于物化或 ETL 引擎方法、基于联邦数据库引擎或中间件方法、基于数据流引擎方法和基于搜索引擎方法。

常用 ETL 工具负责将分布的、异构数据源中的数据，如关系数据、平面数据文件等抽取到临时中间层后进行消洗、转换、集成，最后加载到数据仓库或数据集市中，成为联机分析处理（OLAP）、数据挖掘的基础。

由于大数据的来源不一，异构数据源的集成过程中需要对数据进行清洗，以消除相似、重复或不一致数据。数据清洗和集成技术针对大数据特点，提出非结构化或半结构化数据的清洗以及超大规模数据的集成方案。

2. 大数据存储与管理

数据存储与大数据应用密切相关。大数据给存储系统带来三方面挑战：

（1）存储规模大，通常达到 PB 甚至 EB 量级；

（2）存储管理复杂，需要兼顾结构化、非结构化和半结构化的数据；

（3）数据服务的种类和水平要求高。

大数据存储与管理，需要对上层应用提供高效的数据访问接口，存取 PB 层至 EB 量级的数据，并且对数据处理的实时性、有效性提出更高要求，传统常规技术手段根本无法应付，某些实时性要求较高的应用，如状态监控，更适合采用流处理模式，直接在清洗和集成后的数据源上进行分析。而大多数其他应用需要存储，以支持后续更深度数据分析流程。结合为上层应用访问接口和功能侧重不同，存储和管理软件主要包括文件系统和数据库。大数据环境下，目前最适用的技术是分布式文件系统、分布式数据库以及访问接口和查询语言。

目前，一批新技术提出来应对大数据存储与管理的挑战，这方面代表性的研究包括分布式缓存、基于 MPP 的分布式数据库、分布式文件系统，各种分布式存储方案，各大数据库厂商都已推出支持分布式索引和查询产品。

3. 大数据计算模式与系统

大数据计算模式指根据大数据的不同数据特征和计算特征，从多样性的大数据计算问题和需求中提炼并建立的各种高层抽象或模型，它的出现有力推动了大数据技术和应用的发展。大数据处理的主要数据特征和计算特征维度有：数据结构特征、数据获取方式、数据处理类型、实时性或响应性能、迭代计算、数据关联性和并行计算体系结构特征。根据大数据处理多样性需求和上述特征维度，目前已有多种典型、重要的大数据计算模式和相应大数据计算系统和工具。

其中，大数据查询分析计算模式是为应对数据体量极大时，提供实时或准实时的数据查询分析能力，满足企业日常的经营管理需求。

4. 大数据分析与挖掘

由于大数据环境下数据呈现多样化、动态异构，而且比小样本数据更有价值等特点，需要通过大数据分析与挖掘技术来提高数据质量和可信度，帮助理解数据的语义，提供智能的查询功能。

大数据挖掘是指针对大数据环境非结构化或半结构化的数据挖掘问题，以及图片文件的挖掘技术，一种大规模文本文件的检索与挖掘技术。针对传统分析软件扩展性差以及 Hadoop 分析功能薄弱的特点，IBM 公司对 R 和 Hadoop 进行集成。R 是开源的统计分析软件，通过 R 和 Hadoop 深度集成，可进行数据挖掘和并行处理，使 Hadoop 获得强大的深度分析能力。另有研究者实现了 Weka（一种类似 R 的开源数据挖掘工具软件）和 MapReduce 的集成，可实现大数据的分析与挖掘。

5. 大数据可视化分析

大数据时代数据的数量和复杂度的提高给数据探索、分析和理解带来了巨大的挑战。数据分析是大数据处理的核心，但是用户往往更关心结果的展示。如果分析的结果正确但是没有采用适当的解释方法，则所得到的结果很可能让用户难以理解，极端情况下甚至会误导用户。由于大数据分析结果具有海量、关联关系极其复杂等特点，采用传统的解释方法基本不可行。目前常用的方法是可视化技术和人机交互技术。

可视化技术能够迅速和有效地简化与提炼数据流，帮助用户交互筛选大量的数据，有助于用户更快更好地从复杂数据中得到新的发现。用形象的图形方式向用户展示结果，已作为最佳结果展示方式之一，率先被科学与工程计算领域采用，常见的可视化技术有原位分析、标签云、历史流、空间信息流、不确定性分析等。可以根据具体的应用需要选择合适的可视化技术。通过数据投影、维度降解和电视墙等方法来解决大数据显示问题。

另外，以人为中心的人机交互技术也是解决大数据分析结果的一种重要技术，让用户能够在一定程度上了解和参与具体的分析过程。这个既可以采用人机交互技术，利用交互式的数据分析过程来引导用户逐步进行分析，使得用户在得到结果的同时，更好理解分析结果的由来，也可以采用数据起源技术，通过该技术可以帮助追溯整个数据分析的过程，有助于用户理解结果。

6. 大数据隐私与安全

当前大数据的发展仍然面临着许多挑战，安全和隐私问题是人们公认的关键问题之一。其中，隐私问题由来已久，计算机的出现使得越来越多的数据以数字化的形式存储在电脑中，互联网的发展则使数据更加容易产生和传播，数据隐私问题越来越严重。

大数据在存储、处理、传输等过程中面临安全风险，具有数据安全和隐私保护需求。而实现大数据安全与隐私保护，较其他安全问题（如云安全中的数据安全等）更为棘手。呈现出的安全隐私问题主要有：

（1）大数据时代的安全与传统安全相比，变得更加复杂；

（2）使用过程中的安全问题；

（3）对大数据分析要求较高的企业和团体，面临更多的安全挑战；

（4）基于位置的隐私数据暴露严重；

（5）缺乏相关的法律法规保证；

（6）大数据的共享问题；

（7）数据动态性；

（8）多元数据的融合挑战。

目前针对上述问题，主要研究解决方法有：文件访问控制技术、基础设备加密、匿名保护技术、加密保护技术、数据水印技术、数据溯源技术、基于数据失真的技术、基于可逆的置换算法。

（二）大数据处理工具

Hadoop 是目前最为流行的大数据处理平台。Hadoop 是由 Apache 公司为实现 Google 的 MapReduce 编程模型的一个云计算开源平台，Hadoop 是可伸缩、高效的，能够处理 PB 级数据。Hadoop 平台是包括最底部的文件系统（HDFS）、数据库（HBasc，Cassandra）、数据处理（MapReduce）、数据仓库（Hivc）、大数据分析语言接口（Pig）等功能模块在内的完整生态系统（Ecosystem）。从某种程度上可以说 Hadoop 已经成为大数据处理工具事实上的标准。

现有的大数据处理工具大多是对开源的 Hadoop 平台进行改进并将其应用于各种场景。Hadoop 完整生态系统中各子系统都有相对应大数据处理的改进产品。目前大数据分析处理工具中常用的有：Hadoop、HPCC、Storm、ApacheDri11 等。

（三）大数据技术发展趋势

随着大数据的不断发展和研究，其巨大价值在被不断挖掘的过程中，大数据技术各个环节的技术发展呈现出新的发展趋势和挑战。

1.人工智能技术的结合

大数据分析的目的是挖掘大数据中有价值的信息，是从大数据中获取更准确、更深层次的知识，而不是对数据的简单统计分析。要实现这一目标，需要提高计算机的智能计算能力，让系统具备对数据的分析、推理和决策，人工智能是实现以上能力的核心技术。近年来，人工智能的研究成为学术界和企业界的研究热点，一方面得益于计算机硬件性能的提升，另一方面得益于以云计算、大数据为代表的计算技术的快速发展，使得信息处理的速度和质量大为提高，能够快速、并行地处理海量数据。

2. 基于数据科学的多学科融合

在大数据时代，许多学科的研究内容从表面上看存在很大的区别，但是从数据研究的视角来看，其实是有共通点的。随着数字化时代的发展，越来越多的学科在数据层面趋于一致，可以采用相似的思想来进行统一的研究。但数据科学的基础问题体系尚不明朗，其自身的发展尚未形成体系成为制约多学科融合的关键问题。

3. 与网络技术领域的交叉融合

未来大数据将与物联网、移动互联网、云计算等热点技术领域相互交叉融合，产生更多融合不同行业数据的综合性应用。近年来计算机和信息技术发展的趋势是：前端更加简单丰富，后端更加智能快速。物联网与移动互联网促进了物理世界和人的融合，大数据和云计算提升了后端的数据存储管理和计算能力。今后，这几个热点技术领域将相互交叉融合，产生很多跨行业和跨领域的综合性应用。

4. 大数据安全与隐私

过去几年大数据安全和隐私问题是国内外的研究热点，未来大数据的安全和隐私问题依然将是学术界和企业界研究与探讨的热点。大数据及其相关核心资源涉及企业商业机密和国家主权，引发了社会各界人士的广泛关注，因此如何保护大数据的安全以及用户的隐私成为一个亟待解决的社会热点问题。但大数据应用所产生的隐私问题、大数据系统和体系存在的安全防范方面还没有实质性的进展和突破。毫无疑问，未来大数据安全和隐私问题依然是热点趋势。

5. 基于大数据的深度学习和众包计算

最近几年深度学习大热，在很多领域发挥了巨大的作用，成为人工智能和大数据领域研究的热门学科，未来基于大数据的深度学习还将是各大研究机构和企业的研究重点。基于物理资源分散式的应用场景，比如以前常用的 P2P 技术等对于深度学习这种需要物理资源相对集中的计算方式则会有局限，而众包计算这种物理资源分散式的分布式计算平台则可以有效避免这个问题，因此基于大数据的众包计算也是未来大数据分析与应用领域的研究热点和发展趋势。

6. 大数据技术课程体系建设和人才培养

大数据技术的快速发展和行业应用需求的快速增长，导致目前技术市场上高素质大数据技术人才严重短缺。因此，政府、高等院校和科研院所将加快建立大数据技术人才教育和培养体系，发展数据科学和工程专业，梳理和构建跨学科和领域交叉的大数据课程体系，融合计算机、数学分析统计、应用相关的学科，推动交叉学科数据分析技术的发展以及人才的培养。只有在体系建设和人才培养方面与市场需求同步，大数据技术才有不断向前发展的基础和动力，这也是未来大数据技术行业的发展趋势。

第二节　大数据特点

从计算科学发展历程来看，物联网的兴起对数据存储和分析产生了更高层次的需求，云计算则进一步拓展了计算机的计算能力。在以上二者的共同推动之下大数据的概念应运而生，同时也标志着计算科学进入一个崭新的时代。大数据有着不同于传统数据对象的特点。目前的研究认为，大数据具有以下主要特征：数据规模大、数据种类多、数据要求处理速度快、数据价值密度低以及数据真实性。数据规模大体现在大数据的数据量是以 PB、EB 和 ZB 来进行衡量的；数据种类多体现在大数据的数据类型不仅是结构化数据，还包括物联网数据、社交网络数据和位置数据等数据，更多的是半结构和异构数据，数据的复杂性高；数据处理速度快体现在对静态数据和动态实时数据处理的速度与时效要求高；数据价值密度低主要体现在大数据数据量巨大，但由于数据结构分散导致数据价值密度低，需要进行数据分析和推理实现价值提纯；数据真实性体现在只有真实而准确的数据才能使大数据的分析、推理和管理有意义。

一、数据量大

大数据聚合在一起的数据量是非常大的，根据 IDC 的定义至少要有超过 100TB 的可供分析的数据，数据量大是大数据的基本属性。导致数据规模激增的原因有很多，首先是随着互联网络的广泛应用，使用网络的人、企业、机构增多，数据获取、分享变得相对容易，以前，只有少量的机构可以通过调查、取样的方法获取数据，同时发布数据的机构也很有限，人们难以在短期内获取大量的数据，而现在用户可以通过网络非常方便地获取数据，同时用户在有意地分享和无意地点击、浏览中都可以快速地提供人员数据；其次是随着各种传感器数据获取能力的大幅提高，使得人们获取的数据越来越接近原始事物本身，描述同一事物的数据量激增。早期的单位化数据，对原始事物进行了一定程度的抽象，数据维度低，数据类型简单，多采用表格的形式来收集、存储、整理，数据的单位、意义基本统一，存储、处理的只是数值而已，因此数据量有限，增长速度慢，而随着应用的发展，数据维度越来越高，描述相同事物所需的数据量越来越大。以当前最为普遍的网络数据为例，早期网络上的数据以文本和一维的音频为主，维度低，单位数据量小。近年来，图像、视频等二维数据大规模涌现，而随着三维扫描设备以及 Kinect 等动作捕捉设备的普及，数据越来越接近真实的世界，数据的描述能力不断增强，而数据量本身必将以几何级数增长。此外，数据量大还体现在人们处理数据的方法和理念发生了根本的改变。早期，人们对事物的认知受限于获取、分析数据的能力，一直利用采样的方法，以少量的数据来近似地描述事物的全貌，样本的数量可以根据数据获取、处理能力来设定。不管事物多么复杂，通过采样得到部分样本，数据规模变小，就可以利用当时的技术手段来进行数据管理和分析，如何通过正确的采样方法以最小的数据量尽可能分析整体属性成为当时的重要问题。随着技术的发展，样本数目逐渐逼近原始的总体数据，且在某些特定的应用领域，采样数据可能远不能描述整个事物，可能丢掉大量重要细节，甚至可能得到完全相反的结论，因此，当今有直接处理所有数据而不是只考虑采样数据的趋势。使用所有的数据可以带来更高的精确性，从更多的细节来解样事物属性，同时必然使得要处理数据量显著增多。

二、数据类型多样

数据类型繁多、复杂多变是大数据的重要特性。以往的数据尽管数量庞大，但通常是事先定义好的结构化数据。结构化数据是将事物方便于人类和计算机存储、处理、查询的方向抽象的结果，结构化在抽象的过程中，忽略一些在特定的应用下可以不考虑的细节，抽取了有用的信息。处理此类结构化数据，只需事先分析好数据的意义以数据间的相关属性，构造表结构来表示数据的属性，数据都以表格的形式保存在数据库中，数据格式统一，以后不管再产生多少数据，只需根据其属性，将数据存储在合适的位置，就可以方便地处理、查询，一般不需要为新增的数据显著地更改数据聚集、处理、查询方法，限制数据处理能力的只是运算速度和存储空间。这种关注结构化信息，强调大众化、标准化的属性使得处理传统数据的复杂程度一般呈现线性增长，新增的数据可以通过常规的技术手段处理。而随着互联网络与传感器的飞速发展，非结构化数据大量涌现，非结构化数据没有统一的结构属性，难以用表结构来表示，在记录数据数值的同时还需要存储数据的结构，增加了数据存储、处理的难度。而时下在网络上流动着的数据大部分是非结构化数据，人们上网不只是看看新闻，发送文字邮件，还会上传下载照片、视频、发送微博等非结构化数据，同时，遍及工作、生活中各个角落的传感器也时刻不断地产生各种半结构化、非结构化数据，这些结构复杂、种类多样，同时规模又很大的半结构化、非结构化数据逐渐成为主流数据。如上所述，小结构化数据量已占到数据总量的 75% 以上，且非结构化数据的增长速度比结构化数据快 10 倍到 50 倍。在数据激增的同时，新的数据类型层出不穷，已经很难用一种或几种规定的模式来表征日趋复杂、多样的数据形式，这样的数据已经不能用传统的数据库表格来整齐地排列、表示。大数据正是在这样的背景下产生的，大数据与传统数据处理最大的不同就是重点关注非结构化信息，大数据关注包含大量细节信息的非结构化数据，强调小众化、体验化的特性使得传统的数据处理方式面临巨大的挑战。

三、数据处理速度快

要求数据快速处理，是大数据区别于传统海量数据处理的重要特征之一。随着各种传感器和互联网络等信息获取、传播技术的飞速发展普及，数据的产生、发布越来越容易，产生数据的途径增多，个人甚至成为数据产生的主体之一，数据呈爆炸的形式快速增长，新数据不断涌现，快速增长的数据量要求数据处理的速度也要相应地提升，才能使得大批的数据得到有效的利用，否则不断激增的数据不但不能为解决问题带来优势，反而成了快速解决问题的负担。同时，数据不是静止不动的，而是在互联网络中不断发展，且通常这样的数据的价值是随着时间的推移而迅速降低的，如果数据尚未得到有效的处理，就失去了价值，大量的数据就没有意义。此外，在许多应用中要求能够实时处理新增的大批数据，比如有大量在线交互的电子商务应用，就具有很强的时效性，大数据以数据流的形式产生、快速流动、迅速消失，并且数据流量通常不是平稳的，会在某些特定的时段突然激增，数据的涌现特征明显，而用户对于数据的响应时间通常非常敏感。心理学实验证实，从用户体验的角度，3秒是可以容忍的最大极限，对于大数据应用而言，很多情况下都必须要在1秒或者瞬间内形成结果，否则处理结果就是过时和无效的，这种情况下，大数据要求快速、持续地实时处理。对不断激增的海量数据的实时处理要求，是大数据与传统海量数据处理技术的重要差别之一。

四、数据价值密度低

数据价值密度低是大数据关注的小结构化数据的重要属性。传统的结构化数据，依据特定的应用，对事物进行了相应的抽象，每一条数据都包含该应用需要考量的信息，而大数据为了获取事物的全部细节，不对事物进行抽象、归纳等处理，直接采用原始的数据，保留了数据的原貌，并且通常不对数据进行采样，直接采用全体数据，由于减少了采样和抽象，呈现所有数据和全部细节信息，可以分析更多的信息，但也引入了大量没有意义的信息，甚至是错误的信息，因此相对于特定的应用，大数据关注的非结构化数据的价值密度偏低，但是大数据的数据密度低是指相对于特定的应用，有效的信息相对于数据整体是偏少的，信息有效与否也是相对的，对于某些应用是无效的信息对于另外一些应用则成为最关键的信息，数据的价值也是相对的，有时一条微不足道的细节数据可能造成巨大的影响，比如网络中的一条几十个字符的微博，就可能通过转发而快速扩散，导致相关的信息大量涌现，其价值不可估量。因此为了保证对于新产生的应用有足够的有效信息，通常必须保存所有数据，这样使得数据绝对数量激增，另一方面是数据包含有效信息量的比例不断减少，数据价值密度偏低。

第三节　大数据技术的应用原理

大数据将给各行各业带来变革性机会，但真正的大数据应用仍处于发展初级阶段。下面就目前大数据在电子政务、网络通信行业、医疗、能源、零售、气象、金融等行业的应用进行简单阐述。

一、大数据在电子政务中的应用

大数据的发展，将极大改变政府现有管理模式和服务模式。具体而言，就是依托大数据的发展，节约政府投入、及时有效进行社会监管和治理，提升公共服务能力，以大数据应用支撑政务活动为例，美国积极运用大数据推动政府管理方式变革和管理能力提升，越来越多的政府部门依托数据及数据分析进行决策，将之用于公共政策、舆情监控、犯罪预测、反恐等活动。借助大数据，还能逐步实现立体化、多层次、全方位的电子政务公共服务体系，推进信息公开，促进网上电子政务开展，创新社会管理和服务应用，增强政府和社会、百姓的双向交流、互动。

二、大数据在网络通信业的应用

大数据与云计算相结合所释放出的巨大能量，几乎涉及所有的行业，而信息、互联网和通信产业将首当其冲。特别是通信业，在传统话音业务低值化、增值业务互联网化的趋势中，大数据与云计算有望成为其加速转型的动力和途径。对于大数据而言，信息已经成为企业战略资产，市场竞争要求越来越多的数据被长期保存，每天都会从管道、业务平台、支撑系统中产生海量有价值的数据，基于这些大数据的商业智能应用将为通信运营商带来巨大机遇和丰厚利润。

例如，电信业者可通过数以千万计的客户资料，分析出多种使用者行为和趋势，卖给需要的企业，这是全新的资源经济。中国移动通过大数据分析，对企业运营的全业务进行针对性的监控、预警、跟踪，系统在第一时间自动分析市场变化，再以最快捷的方式推送给指定负责人，使他在最短时间内获知市场行情。

（一）通信行业获取数据的途径与方式

在大数据时代背景下，海量的数据规模、多变的数据类型为数据信息的获取提供了前提条件，但是，这也大大增强了信息获取的难度，因此在获取相关数据信息时，就需要遵守相关的规则，才能够保证在最短的时间内，获取最有用的信息。

1. 获取原则

（1）数据结构化

数据结构化能够方便人们储存和获取，通信行业就需要建立完善的结构化数据体系，通过控制时间流、逻辑关系以及各种位置信息等促进数据结构化的完善。

（2）强调必须性

在网络时代下，数据信息一直在更新出现，可以说数据信息是无边无际的，这也就导致在获取所需数据的时候，就需要付出更多成本和资金，因此，需要结合必须性原则，尽可能支持有价值数据业务的发展，避免对无用数据付出代价。

（3）实现科学分享

数据要实现分享才能够保证发挥最大的价值，采取科学的手段进行数据分享，能够在最大限度上提高通信行业的影响力，但是必须要保证数据稳定与安全，并且需要为用户的隐私保密。

2. 需要获取的数据类型

通信行业获取数据的主要目的是提升自身企业的经济效益，扩展经营渠道，满足当前产业链条的需求。要实现此项，就需要采取大数据方式，及时了解客户的需求情况，结合经营产品特点等，使通信企业提供的服务能够满足用户的需求，并且要以此为基础，开发出更多的数据运用方法。在当前通信行业之中，用户数据、产品数据、网络数据是使用频率比较高的手段。

（1）用户数据

用户数据包括用户的基本信息，如年龄、性别、居住点等，对用户的兴趣爱好、消费水平、生活轨迹以及关系圈等也会有一定程度的了解。

（2）产品数据

通信行业获取产品数据的目的，就是希望能够准确掌握当前产品的特点，及时了解产品的需求信息，如产品形态、声音、图片、视频等，另外，也要获取产品销售渠道、类型、需求等方面的信息。

（3）网络数据

通信行业获取网络数据的目的是能够对自身能力进行实时了解，如此其在制定发展策略时，安全性才能更高。

（二）大数据背景下通信行业获取数据的途径

随着社会的不断发展，人们对通行行业服务质量也提出了更高的要求，与此同时，数据流量也处在不断增多的过程中，在这样的市场需求之下，通信行业想要提升经济效益，就必须要科学利用大数据背景，实现通信行业经济效益的增长。

1. 优化业务创新能力

通信行业需要利用大数据背景，能够对庞大的数据展开分析，并且能够认真分析用户的需求，根据客户的需求，为其提供最满意的服务，这样就需要在通信产品设计与开发方面投入足够的精力。在用户上线之后，通信行业要对其进行调查，调查业务发展、采购、使用过程中存在的问题，并积极采取针对性措施，为用户提供最优质的服务，确保服务的质量。

2. 提高营销效率

通信行业要对用户的踪迹特点和行为特征进行分析，从庞大的客户群体之中选取目标客户，然后再对这部分客户进行细致的分类，结合不同类型客户的特点，有针对性地为其提供产品，最后再根据不同用户的特点，准备精细的营销策略，采取这种形式，客户对通信行业服务质量会更加满意，通信行业的营销效率也会有很大程度的提升。

3. 探索新型盈利模式

（1）加强前期服务

通信行业要加强创新能力，实现营销的推广，使通信行业的综合服务质量得到提升，在此前提下，使服务更具针对性，这样产品质量与价值才能够得到用户的认可。

（2）完善后期服务

通信行业在服务过程中，需要涉及很多方面的内容，如开发、策划、优化等，这就需要建立以数据分析为核心的服务体系，及时获取用户在享受服务过程中提出的意见，提升通信行业竞争力。

（3）加大宣传力度

采取广告宣传的方式，使通信行业能够拥有更加庞大的用户群。

4. 加强行业链条的影响力

诸多通信行业大数据应用的成功例子表明，数据是实现移动网络运行的关键因素，通信行业需要对数据进行科学有效的掌控，才能够拥有更强的市场支配权，提升通信行业的经济效益。通信行业在竞争过程中，不仅仅要对市场、产品以及用户进行竞争，而且还需要对数据量、数据质量、数据规模进行竞争。牢牢掌握竞争关键因素，扩宽数据获取途径，为用户提供更加优质的服务，这样通信行业的竞争力才能更强。

三、大数据在医疗行业的应用

伴随医疗卫生行业信息化进程的发展，在医疗业务活动、健康体检、公共卫生、传染病监测、人类基因分析等医疗卫生服务过程中将产生海量高价值的数据。数据内容主要包括医院的PACS影像、B超、病理分析、大量电子病历、区域卫生信息平台采集的居民健康档案、疾病监控系统实时采集的数据等。面对大数据，医疗行业遇到了前所未有的挑战和机遇。例如，Seton Healthcare 是采用 IBM 最新沃森技术医疗保健内容分析预测的首个客户。该技术允许企业找到大量病人相关的临床医疗信息，通过大数据处理，更好地分析病人的信息。在加拿大多伦多的一家医院，针对早产婴儿，每秒钟有超过 3000 次的数据读取。通过这些数据分析，医院能够提前知道哪些早产儿出现问题并且有针对性地采取措施，避免早产婴儿夭折。大数据让更多的创业者更方便地开发产品，比如通过社交网络来收集数据的健康类 APP。也许在数年后，它们搜集的数据能让医生给你的诊断变得更为精确，比方说不是通用的成人每日 3 次，1 次 1 片，而是检测到你的血液中药剂已经代谢完成会自动提醒你再次服药。社交网络为许多慢性病患者提供临床症状交流和诊治经验分享平台，医生借此可获得在医院通常得不到的临床效果统计数据。基于对人体病因的大数据分析，可以实现对症下药的个性化治疗。对于公共卫生部门，可以通过全国联网的患者电子病历库，快速检测传染病，进行全面疫情监测，并通过集成的疾病监测和响应程序，快速进行响应。

四、大数据在能源行业的应用

能源勘探开发数据的类型众多，不同类型数据包含的信息各具特点，只有综合各种数据所包含的信息才能得出真实的地质状况。能源行业企业对大数据产品和解决方案的需求集中体现在：可扩展性、高带宽、可处理不同格式数据的分析方案。智能电网现在欧洲已经做到了终端，也就是所谓的智能电表。在德国，为了鼓励利用太阳能，会在家庭安装太阳能，除了卖电给你，当你的太阳能有多余电的时候还可以买回来，通过电网收集每隔 5min 或 10min 收集一次数据，收集来的这些数据可以用来预测客户的用电习惯等，从而推断出在未来 2~3 个月时间里，整个电网大概需要多少电。预测后，就可以向发电或者供电企业购买一定数量的电。因为电有点像期货一样，如果提前买就会比较便宜，买现货就比较贵，所以通过预测可以降低采购成本。维斯塔斯风力系统，依靠的是 Big Insights 软件和 IBM 超级计算机，然后对气象数据进行分析，找出安装风力涡轮机和整个风电场最佳的地点利用大数据，以往需要数周的分析工作，现在仅需要不足一小时便可完成。

五、大数据在零售行业的应用

从商业价值来看，大数据究竟能往哪些方面挖掘才有巨大的商业价值呢？根据 IDC 和麦肯锡的大数据研究结果的总结，大数据主要能在以下四个方面挖掘出巨大的商业价值：对顾客群体细分，然后对每个群体量体裁衣般地采取独特的行动；运用大数据模拟实境，发掘新的需求和提高投入的回报率；提高大数据成果在各相关部门的分享程度，提高整个管理链条和产业链条的投入回报率；进行商业模式、产品和服务的创新。

在商业领域，沃尔玛公司每天通过6000多个商店，向全球客户销售超过2.67亿件商品，为了对这些数据进行分析，HP公司为沃尔玛公司建造了大型数据仓库系统，数据规模达到4PB，并且仍在不断扩大。沃尔玛公司通过分析销售数据，了解顾客购物习惯，得出适合搭配在一起出售的商品，还可从中细分顾客群体，提供个性化服务。在金融领域，华尔街德温特资本市场公司通过分析3.4亿微博账户留言，判断民众情绪，根据人们高兴时买股票、焦虑时抛售股票的规律，决定公司股票的买入或卖出。

阿里巴巴公司根据在淘宝网上中小企业的交易状况筛选出财务健康和讲究诚信的企业，对他们发放无须担保的贷款。当我们去购物时，我们的数据会结合历史购买记录和社交媒体数据来为我们提供优惠券、折扣和个性化优惠。零售企业也监控客户的店内走动情况以及与商品的互动，它们将这些数据与交易记录结合来展开分析，从而在销售哪些商品、如何摆放货品以及何时调整售价等给出意见，此类方法已经帮助某领先零售企业减少了17%的存货，同时在保持市场份额的前提下，增加了高利润率自行品牌商品的比例。

六、大数据在气象行业的应用

与世界大数据时代的进程相同，气象数据量不断翻番。目前，每年的气象数据已接近PB量级（1024GB=1TB，1024TB=1PB）。以气象卫星数据为例：虽然气象卫星是用来获取与气象要素相关的各类信息的，但是在森林草场火灾、船舶航道浮冰分布等方面，也能发挥出跨行业的实时监测服务价值。气象卫星、天气雷达等非常规遥感遥测数据中包含的信息十分丰富，有可能挖掘出新的应用价值，进而拓展气象行业新的业务领域和服务范围。比如，可以利用气象大数据为农业生产服务。美国硅谷有一家专门从事气候数据分析处理的公司，从美国气象局等数据库中获得数十年来的天气数据，然后将各地降雨、气温、土壤状况与历年农作物产量的相关度做成精密图表，可预测各地农场来年产量和适宜种植品种，同时向农户出售个性化保险服务。气象大数据应用还可在林业、海洋、气象灾害等方面拓展新的业务领域。

除了上述行业应用外，大数据在教育科研、生产制造、金融保险、交通运输等行业也有密切应用。大数据在金融行业可用于客户洞察、运营洞察和市场洞察。随着社会、经济的发展，各行业各类用户对于智能化的要求将越来越高，今后大数据技术会在越来越多领域得到广泛应用，通过大数据的采集、存储、挖掘与分析，大数据在营销、行业管理、数据标准化与情报分析和决策等领域将大有作为，将极大提升企事业单位的信息化服务水平。随着云计算、物联网、移动互联网等技术的快速发展，大数据未来发展空间变得更加广阔。

七、大数据在金融行业的应用

大数据在金融行业主要有以下几方面应用（这里主要以银行为例，相对集团财务公司，银行面对的客户更多、经营的范围更大，采集与处理的相关信息也更加丰富）。

（一）客户画像应用

客户画像应用主要分为个人客户画像和企业客户画像。个人客户画像包括人口统计学特征、消费能力数据、兴趣数据、风险偏好等；企业客户画像包括企业的生产、流通、运营、财务、销售和客户数据、相关产业链上下游等数据。值得关注的是，银行拥有的客户信息并不全面，基于银行自身拥有的数据有时候难以得出理想的结果甚至可能得出错误的结论。比如，如果某位信用卡客户月均刷卡 8 次，平均每次刷卡金额 800 元，平均每年打 4 次客服电话，从未有过投诉，按照传统的数据分析，该客户是一位满意度较高流失风险较低的客户。但如果看到该客户的微博，得到的真实情况是：工资卡和信用卡不在同一家银行，还款不方便，好几次打客服电话没接通，客户多次在微博上抱怨，该客户流失风险较高。所以银行不仅仅要考虑银行自身业务所采集到的数据，而且更应考虑整合外部更多的数据，以扩展对客户的了解。包括以下几方面：

（1）客户在社交媒体上的行为数据（如光大银行建立了社交网络信息数据库）。通过打通银行内部数据和外部社会化的数据可以获得更为完整的客户拼图，从而进行更为精准的营销和管理。

（2）客户在电商网站的交易数据，如建设银行则将自己的电子商务平台和信贷业务结合起来，阿里金融为阿里巴巴用户提供无抵押贷款，用户只需要凭借过去的信用即可。

（3）企业客户的产业链上下游数据。如果银行掌握了企业所在的产业链上下游的数据，可以更好掌握企业的外部环境发展情况，进而可以预测企业未来的状况。

（4）其他有利于扩展银行对客户兴趣爱好的数据，如网络广告界目前正在兴起的 DMP 数据平台的互联网用户行为数据。

（二）精准营销

在客户画像的基础上银行可以有效地开展精准营销，具体体现在以下四个方面。

1. 实时营销

实时营销是根据客户的实时状态来进行营销的，比如根据客户当时的所在地、客户最近一次消费等信息进行针对性营销（某客户采用信用卡采购孕妇用品，可以通过建模推测怀孕的概率并推荐孕妇类关注的业务）；或者将改变生活状态的事件（换工作、改变婚姻状况、置房等）视为营销机会。

2. 交叉营销

交叉营销是指不同业务或产品的交叉推荐，如招商银行可以根据客户交易记录分析，有效地识别小微企业客户，然后用远程银行来实施交叉销售。

3. 个性化推荐

银行可以根据客户的喜好进行服务或者银行产品的个性化推荐，如根据客户的年龄、资产规模、理财偏好等，对客户群进行特准定位，分析出其潜在金融服务需求，进行有针对性的营销推广。

4. 客户生命周期管理

客户生命周期管理包括新客户获取、客户防流失和客户赢回等。如招商银行通过构建客户流失预警模型，对流失率等级前20%的客户发售高收益理财产品予以挽留，使得金卡和金葵花卡客户流失率分别降低了7个百分点。

（三）风险管控

1. 中小企业贷款风险评估

银行可通过企业的生产品、流通、销售、财务等相关信息结合大数据挖掘方法进行贷款风险分析，以量化企业的信用额度，更有效地开展中小企业贷款。

2. 实时欺诈交易识别和反洗钱分析

银行可以利用持卡人基本信息、卡片基本信息、交易历史、客户历史行为模式、正在发生行为模式（如转账）等，结合智能规则引擎（如从一个不经常出现的国家为一个特殊用户转账或从一个不熟悉的位置进行在线交易）进行实时的交易反欺诈分析。如IBM金融犯罪管理解决方案帮助银行利用大数据有效地预防与管理金融犯罪，摩根大通银行则利用大数据技术追踪盗取客户账号或侵入自动柜员机（ATM）系统的罪犯。

（四）运营优化

1. 市场和渠道分析优化

通过大数据，银行可以监控不同市场，推广渠道尤其是网络渠道推广的质量，进而进行合作渠道的调整和优化。同时，也可以分析哪种渠道更适合推广，哪类银行产品或者服务更适合推广，从而进行渠道推广策略的优化。

2 产品和服务优化

银行可以将客户行为转化为信息流，并从中分析客户的个性特征和风险倾向，更深层次地理解客户的习惯，智能化分析和预测客户需求，从而进行产品创新和服务优化。如兴业银行目前对大数据进行初步分析，通过对还款数据挖掘比较区分优质客户，根据客户还款数额的差别，提供差异化的金融产品和服务方式。

3. 舆情分析

银行可以通过爬虫技术，抓取社区、论坛和微博上关于银行以及银行产品和服务的相关信息，并通过自然语言处理技术进行正负面判断，尤其是及时掌握银行以及银行产品和服务的负面信息，及时发现和处理问题；对正面信息，可以加以总结并进行强化。同时，银行也可以抓取同行业的银行正负面信息，及时了解同行做得好的方面，以作为自身业务优化的借鉴。

总的来看，大数据在金融行业的应用起步比互联网行业稍晚，其应用深度和广度还有很大的扩展空间。金融行业的大数据应用依然有很多的障碍需要克服，比如银行企业内各业务的数据孤岛效应严重、大数据人才相对缺乏以及缺乏银行之外的外部数据的整合等问题。可喜的是，金融行业尤其是以银行的中高层对大数据渴望和收视度非常高，相信在未来的两年内，在互联网和移动互联网的驱动下，金融行业的大数据应用将迎来突破性的发展。放眼集团财务公司领域，很多方面都可以向银行业借鉴，由于业务相对单一，客户范围也较窄，对大数据应用的需求推动力不强，通过应用大数据为公司带来更大的效益还要经过很长一段路。但如果能重视信息化建设加强对企业大数据的管理与挖掘，一定会在经营管理、业务拓展、信息化安全保障等方面得到强化，也将会在市场不断的变革中抢占先机。

第二章 大数据环境下的图书馆服务

第一节 大数据环境下的图书馆服务理念

一、图书馆服务理念的内涵及特征

（一）内涵

图书馆服务理念是图书馆主体在图书情报工作实践中，从图书馆产出的服务性出发，对一系列图书馆问题所形成的总体看法。其主要观点有：文献信息服务是图书馆的基本产出，读者和用户是图书馆的直接顾客，不断满足读者和用户明确的或潜在的知识信息需求，是图书馆改革和发展的出发点和落脚点。

（二）特征

图书馆服务理念的第一特征是具有鲜明的选择性，在现实条件下，图书馆成了图书馆服务产品的提供者，广大读者和用户成为图书馆服务产品的利用者和消费者，他们有权选择图书馆服务。图书馆服务的选择性蕴含着图书馆供方的竞争。因此，作为文献信息服务提供者的图书馆，在读者和用户自由选择利用图书馆的竞争机制下，必须努力提高服务质量和品位，为社会提供优质的服务以满足读者的需要。

图书馆服务理念的另一特征就是层次性，读者和用户有不同层次之分的"消费需求"，图书馆必须区别对待，分层服务。

二、图书馆服务理念的内容

（一）服务是图书馆的宗旨

服务是社会发展的驱动力。社会中的人与人之间、人与群体之间以及群体与群体之间正是通过服务活动维系着彼此的存在与发展。"我为人人，人人为我"是社会法则。图书馆作为文化教育机构、社会文献信息中心，其性质和职责决定着它需要以服务社会、服务读者为根本宗旨。它的基本职能就是直接或间接地满足读者需求，体现于图书馆各项工作的出发点和归宿都是立足于服务。

可以说，服务是图书馆社会存在的前提，是检验图书馆办馆效益的唯一标准，也是评估图书馆工作的最重要指标。实践证明，凡是遵循服务社会、服务读者唯一宗旨的图书馆，就能取得社会支持，从服务中获得动力，保障生存，推进持续发展。

（二）服务要正视竞争

图书馆服务与社会其他服务活动关系密切，既彼此互相补充又互相竞争。作为精神文化的服务而言，电视、文娱体育信息网络正日益发展、提高，任何人都无法摆脱社会文化的影响和制约，并参与文化的活动与创造。图书馆的生存条件面临着重大挑战，当今人们不仅可以享用丰富多彩的电视节目以及网络信息，还可以不出家门利用网上图书馆，获取各类信息，甚至通过网上书店购买书籍。大众传媒以及信息网络发展的动力是科学技术与社会需求，它们对图书馆既构成一种冲击，同时也提供了一个动力和机遇。纵观精神文化的求乐、求美、求知总体功能，图书馆作为社会求知的知识载体将永远在精神文化中处于龙头地位。

（三）服务要提倡奉献

图书馆由国家兴办，属于全额拨款的公益事业单位，不以营利为目的。"公共图书馆的服务原则上应该是免费的。"图书馆依法执行社会文化教育任务，不能向纳税人——读者，谋取报酬，更不能巧立名目去索要非法收入。因此，图书馆工作人员应具备舍得清贫、乐于奉献的职业道德；要在社会上大力提倡志愿服务者、义工、读者等积极分子到图书馆参与为读者服务。

在不少发达国家或地区中，正是以服务读者为荣，以供职图书馆、博物馆这样的知识殿堂为荣；把对知识的加工与传播视为一个精神财富的追求者、拥有者。图书馆的服务是公共的、公益的，如果就物质待遇而言，需要培育与弘扬奉献精神，而对于精神享用则应该执着追求，是一个富有者。任何一个图书馆工作者都要树立为读者、为社会奉献的价值观。

（四）服务必须明确主体

图书馆作为文化教育以及文献信息服务机构，在供需关系上历来遵循"读者至上，服务第一"的原则，即读者为主体，图书馆属客体，这是图书馆不可动摇的永恒信条。服务主体与客体的关系，即认识者和客观对象的关系是图书馆哲学的基本问题。主体和客体之间的关系表现在实践关系、认识关系和价值关系三个方面。实践关系是主体对客体的改造；认识关系是主体对客体的反映；价值关系是主体对客体所获得的利益。其中，价值关系是实践关系和认识关系的根本推动力。图书馆的社会价值从满足读者需求中体现出来。

（五）服务要重视成果

服务作为智力劳动必然要产生成果，建立服务成果的观念对于强化服务的目的性是非常重要的，其主要有三层意思：

第一，不仅要把服务作为一个图书馆工作过程，更重要的是把它当作一个目的。既然是目的就需要注重服务成果。这种成果包括服务活动中的工作成果和开发信息产品的成果。为此，服务工作由始至终都要具有需求观念，开展经常性的调查研究，并建立长期的反馈系统，不断改变服务，提高工作质量，争取收获最大的效益。

第二，要从服务环境、服务态度、服务质量、服务效果等多个方面开展优质服务，创造具有特色的服务品牌。以特色营造效益，以效益显示特色。特色主要表现在藏书、数据库、网络及其各项服务项目上，以发展特色服务来提高图书馆的社会美誉度。

第三，要重视服务成果，而不异化服务成果。对图书馆服务成果要正确分析、对待，它是一个潜移默化的过程，有一定的局限，不可能立竿见影，一般由量变到质变。对服务成果的异化，也是对读者劳动成果的异化，应属"打假"之列，而不可作为提高图书馆社会价值的举措。重视服务成果必须树立科学、务实精神，以长期不懈的努力，从优质而又具体的工作成果和特色及有效的信息产品成果所产生的社会效益和经济效益中显示出来。

（六）服务需要智慧

图书馆工作者特别是服务工作人员必须有强烈的信息意识，善于捕捉信息、组织信息、加工信息；在信息加工中需要分析信息的知识含量，从中去粗取精，去伪存真，以有用的信息进行服务；有了知识还需要以知识去开发自己的智慧潜能，进行改革创新。长期以来，由于图书馆工作受封闭、守旧的思想影响，往往缺乏信息意识，对一些新鲜事物不仅视而不见，甚至产生抵触、反感情绪。诚然，不少同人也善于学习，不断充实、提高知识修养，但这些"知识"仅停留于"知道"，并未由此产生思想火花，进行创造思维，开创服务工作新局面。信息、知识、智慧彼此相互联系，互为因果，逐级提升，其中信息是基础，知识是支柱，智慧是核心，三者相得益彰，缺一不可。我们图书馆服务工作人员就是要善于从大量收集信息中，汲取知识营养，并升华为智慧，以自身的睿智眼光去充当信息的导航员、知识的工程师，不断开创服务工作新局面。

（七）服务要求充分

充分服务是图书馆工作一个重要原则。所谓充分服务就是指最大限度地满足读者所有的阅读要求，充分发挥图书馆为社会服务的职能。早在 20 世纪 30 年代，印度阮冈纳赞（Ranganathan，S.R.）就提出了图书馆学五定律。其中的前四条定律正集中体现了图书馆为读者充分服务的原则。

"第一定律：书是为了用的。"反映了图书馆藏书与用书的基本特征和主要矛盾，如果藏而不用就不能显示它的社会作用，用是藏的目的与结果，图书馆务必做到书尽其用。

"第二定律：每个读者有其书。"在"书是为了用"的前提下，可以引发人们思考三个层面的问题：第一，书不是为少数人服务的，而是为大众服务的，必须消除等级、阶级、城乡、性别、年龄、文化程度及生理缺憾等方面的障碍和差异，以达到最大的普及率；第二，在藏书数量上要求每个读者都有其书，就是要保证每个读者都有书可看、有书可借，取得应有的藏书数量的保障率；第三，在藏书质量上要求读者都有其适用的、喜爱的图书，需要解决供与需的矛盾。

"第三定律：每本书有其读者。"立足于书的深度利用，以促进图书馆加大图书宣传、流通、利用的力度，提高藏书的开架率、流通率以及参考咨询率。

"第四定律：节约读者的时间。"旨在要求解决好藏书提供利用的方便程度。对读者的限制及各种繁琐手续在很大程度上表现于时间的浪费（该定律主要要求在大部分读者睡觉前、起床后必须开馆）。

第五定律："图书馆是一个生长着的有机体"。作为一种机构的图书馆就是一个生长着的有机体，图书馆正是由藏书、读者和馆员三个生长着的有机部分构成的结合体。

（八）服务需要靠群体

现代科学技术迅速发展，文献数量以及网络信息急剧增长，无论哪一个图书馆都不可能做到把某一学科文献和信息搜集齐全；现代社会生活丰富多彩，读者对文献资料的需求繁复众多，无论在哪一个图书馆都不可能完全得到满足。由于社会分工高度专业化，图书馆群体作用将日益凸显，信息服务活动整体化已形成互相依存、互相促进的势态，人们越来越依赖于行业内与行业间合作与交流，从而使交流与服务更加呈现多元化。当前，通过互联网向读者开展借书，使数字化图书馆与读者服务结合起来，由网络借书到送书上门，或传送期刊论文、图片、事实数据等是非常必要的。图书馆服务群体构架的目的在于提高服务能力与水平，使服务形式更灵活、多样，服务内容更加丰富、全面。

三、图书馆服务理念的创新

（一）现代图书馆服务理念的体现

服务质量的高低是衡量一个图书馆建设水平的重要指标之一，也是促进图书馆提高建设水平的必要途径。现代图书馆通过阅览和借出的方式向读者提供书报资料以及文献复制、参考、检索等服务。图书馆的服务职能主要包括向读者提供信息资料和信息查询两大类。在图书馆诸多服务中满足读者的信息需求只是其中的一部分内容，还包括了图书馆的服务理念、服务文化、服务模式以及在为读者服务过程中工作人员所表现出来的个人素质和服务态度等。也就是说，图书馆服务的本质是一种文化互动、感情沟通和价值确认的过程。

人性化是图书馆服务理念的价值体现，即在满足读者和社会化需求中以人为中心来配给服务资源，尊重个人价值，培养人文精神，实施人道主义，创造人文环境来充分开发和调动人的积极性、主动性和创造性并体现图书馆的服务价值的过程。图书馆服务理念是图书馆基础服务的基本方针，是整个图书馆工作的重要组成部分，是图书馆服务工作的指南，反映了图书馆服务的发展规律。图书馆服务理念在不断的发展变化中，从传统图书馆服务理念逐渐演变成现代图书馆服务理念。

（二）图书馆服务理念创新的必要性与实质

1.图书馆服务理念创新的必要性

随着社会的不断发展和变化，图书馆必须进行服务理念创新。在新形势下，信息技术日新月异，在知识传播、创造模式等各个方面进行了改革，网络资源成了人们获取知识的主要渠道，信息用户也能够不通过图书馆直接又快捷地获取所需信息，在应对挑战和顺应信息化潮流中，作为图书馆有必要解放思想，开拓创新，从而实现自身的科学发展。服务是图书馆的核心和生命线，理念是指导行为的基础。图书馆只有创新服务理念，才能提高其竞争力，适应时代发展的要求。

2.图书馆服务理念创新的实质

要想真正实现图书馆服务理念创新，首先图书馆人员要及时更新观念，不断创新，主动为信息用户提供信息服务，以提升图书馆服务质量为主要目的，创新的实质就是一切为了读者，使图书馆服务内容更加丰富多彩。

在信息时代，加快知识更新的速度，为用户提供更快、更好、更细的信息内容，才是真正意义上的服务创新。所以，图书馆要不断深化信息服务内容，利用馆藏实体资源和虚拟网络资源的优势，传统和现代有机结合，满足不同层次读者需求，真正体现图书馆服务理念创新的实质内容。

（三）现代图书馆服务理念的创新

创新图书馆服务理念是相对于传统而言的，创新并不是批评和抛弃传统理念，更不是一味地标新立异，要继承优点。服务理念的创新主要包含以下几点：

1.体现自由、平等、博爱

当今社会提倡自由、平等、博爱，同样也是图书馆所提倡的一种服务理念。作为图书馆，要重视人的尊严，有一颗宽容的心去包容人的弱点，尤其要为社会弱势群体提供特色服务，真正体现"自由、平等、博爱"的社会公义，让人们都能有平等地获取知识的权利。

2.树立"以人为本"的服务理念

图书馆贯彻以人为本的服务理念，主要体现在人性化的规章制度方面，以满足人们对文献资源的需求。体现在人性化的文化环境、服务设施、功能布局等诸多方面。在我国图书馆工作中，主要体现在对图书馆特有的价值追求，需要富有人情味地关注，投入更多的情感。这样才能真正体现图书馆以人为本的服务理念。

3.树立知识服务理念

知识服务是一种新的服务观念，是注重对信息资源的深层次开发和利用，注重知识资源增值的一种服务。知识服务需要图书馆员努力成为"一专多能"的复合型知识人才，将分散在相关领域的专业知识进行提炼，形成符合用户需要的"知识精品"。

第二节　大数据环境下的图书馆服务内容

一、大数据环境下的图书馆服务原则

图书馆服务原则是图书馆行业在承担社会职能时应该遵循的准则。图书馆服务在新的环境下要对社会开放、平等服务和以人为本。坚持这几项基本原则，对于巩固和提高图书馆的社会地位有着根本意义。

（一）基本保障原则

在中国图书馆学会上发布的《图书馆服务宣言》中指出，图书馆应"以实现和保障公民基本阅读权利为天职"。同样，在普通高校教学本（专）科教学工作评估体系中，对平均学生图书册数、阅览室座位个数等都有基本的要求。可见，提供最基本的图书馆服务，保障和实现读者最基本的利用图书馆的权利是图书馆服务中的最低要求和基本原则。基本保障原则主要包括基本的馆藏资源保障率、基本的图书馆覆盖率以及基本的图书馆服务设施提供。

（二）开放与共享原则

现代图书馆的开放服务是一种更广泛意义上的开放，不仅包括服务对象类型的开放、开放时间的延长和在线服务的不间断以及藏借阅一体化的书刊资源的开放，还包括图书馆空间资源的开放、设备资源的开放、馆藏数据的开放、读者互动内容的开放等。

不可否认，我国各级各类图书馆所拥有的馆藏资源和服务能力是不均衡的，这就导致多数图书馆尤其是小型图书馆在提供全面服务的过程中大受限制，甚至无法完成。为此，应该开放思想，利用资源共享和服务共享的办法为读者提供满意的服务。

（三）公平与平等原则

图书馆面前人人平等，公平、平等的服务表现在对每一个读者的合法权益都要充分维护和保障。平等原则不仅仅是形式上的，还要有实际行动。从图书馆自身来说，在提供服务的过程中，应该保持公平、公正的原则，对所有读者一视同仁，使其获得公平和平等的服务。

（四）公益与免费原则

图书馆由国家和地方政府提供财政资金维系发展，承担着服务社会的重任，其服务理应是公益性的。《图书馆服务宣言》中的第一条目标是："图书馆是一个开放的知识和信息中心，图书馆以公益性服务为基本原则，以实现和保障公民基本阅读权利为职责，以读者需求为一切工作的出发点。"再次明确了图书馆服务的公益性原则。

公益性服务是图书馆区别于其他市场经营性文化的重要特征，也是图书馆参与社会文化建设的最根本原则。服务公益性的表现即遵循服务免费的原则，任何类型的图书馆不得乱收费，把握好制度性收费和非制度性收费的界限。制度性收费，如复印扫描费不能过高，以维持成本为基本原则。

（五）便利与高效原则

服务中的便利和高效原则主要体现在：

（1）在地点和时间上方便读者。

（2）简化服务流程，利用自助借还设备，提高服务自动化程度，方便读者自行借还，节省时间，这在很多高校及公共图书馆都已践行。

（3）细化服务标准，关注弱势群体，提高管理水平，如一卡通通借通还的应用、流动图书馆的设置、弱势群体专用设备的应用等。

（4）做好馆藏资源揭示和远程访问服务，集成检索系统的应用和远程访问系统的开通，使读者在利用各类数字资源时能够更加便捷高效地获取所需资源信息。

（5）为读者提供高效、准确的服务内容，无论是简单的信息服务，还是高质量的智能服务，都要让读者感受到图书馆服务的高效和高质。

总之，要让读者体验和感受到方便无处不在，服务无处不在。

（六）多样与满意原则

随着信息环境的变化，读者自身的服务需求也出现了多样化和个性化的特征，"以读者为中心、让读者满意"的图书馆服务也理应根据读者需求和读者类型的改变在服务中遵循多样化原则，通过提供多样化的服务模式、服务内容和服务方法，满足不同类型读者以及同一读者不同个性的多样化需求。

读者对图书馆服务的满意程度是衡量图书馆服务效果的终极标准，满意原则是图书馆服务的核心原则。只有让读者满意图书馆的馆藏资源类型及质量，满意图书馆馆员的服务，满意图书馆的设备设施，满意图书馆的空间服务能力，满意数字图书馆的应用体验等，图书馆的价值才能够体现出来。

（七）创新与发展原则

创新是图书馆发展的动力源泉，只有不断地创新服务才能够捍卫图书馆的地位。在图书馆服务中坚持创新原则是指创新的内容、形式和方法要有针对性，要积极主动地研究读者的需求特征，根据读者的需求特点进行创新，而不是被动地迎合读者需求和闭门造车地创新。在创新的过程中，要优先保证多数读者的信息需求，同时兼顾少数读者的个性化信息需求。在创新过程中提供的服务要具有易用性和易获取性，符合读者的使用需求。

使图书馆服务在稳定发展中创新，以创新促发展，通过创新特色服务形成品牌服务效应，提高其自身的服务竞争优势。

二、大数据环境下的图书馆服务内容

在网络和信息技术的影响下，现代图书馆服务面临着一系列的机遇和挑战。一方面，一些传统的服务内容和服务方式会被逐渐改造或者淡出；另一方面，随着一些新生的服务内容和服务方式会日益增长，逐渐转变为图书馆服务的核心内容。当下，图书馆服务的核心内容主要有以下几个方面：

（一）基本文献和信息服务

近些年来，许多不同类型的图书馆都不同程度地出现了借阅率负增长的情况。但是基本文献和信息服务的地位依然非常重要。这是因为实体馆藏目前仍然是大多数图书馆馆藏资源的主体，并且仍旧在以较高的速度增长。

无论技术环境如何发展变化，馆藏文献，尤其是传统的纸质文献，仍然是图书馆最为基础的资源体系，馆藏文献的提供仍是图书馆最为重要的服务方式。如果将其舍弃，那么图书馆的特质、功能、作用等则无从谈起。此外，馆际互借和文献传递是以资源共享的方式对各类型馆藏资源的利用。其中，对于实体馆藏文献的互借和传递也属于基本文献和信息服务的范围。

（二）知识服务

近 20 年来，知识服务一直是图书馆学研究和图书馆界积极实践的热点问题。互联网改变了图书馆的外部和内部环境，也改变了用户获取信息的方式，图书馆文献检索与信息服务的传统优势丧失殆尽，核心能力面临着困境和挑战。因此，图书馆必须顺应潮流，主动向用户提供知识服务，以提高自我核心竞争力。

（三）智能化服务

所谓图书馆智能化服务，就是将智能技术运用在图书馆的各项服务之中，形成的一种高效率、高效益的图书馆服务模式。在 RFID 技术之前，人们虽然对于图书馆智能化服务有许多遐想，但是始终没有成功的实践案例。深圳图书馆在国内首次将 RFID 技术成功地应用到大型图书馆服务领域，率先在图书借还业务工作中实现了智能化服务，迈出了我国图书馆智能化服务重要的第一步。但是，自助借还仅仅是图书馆在智能化服务方面迈出的第一步。图书馆智能化和现代化的道路是永无止境的，RFID 技术不是万能的，无法解决所有的问题。如何进一步探索和发展图书馆智能化服务，还需要图书馆界有识之士的共同努力和推动。图书馆智能化服务不仅是一种或几种技术在图书馆服务中的实现，更重要的是图书馆智能化服务体现了一种现代图书馆的服务理念。只要在图书馆服务工作中秉承一切以读者为中心、处处为读者着想的理念，就会收获意想不到的效果和效益。

（四）泛在服务

图书馆泛在服务是在泛在知识环境下产生的一种新的图书馆服务类型。由于泛在知识环境使得读者对图书馆的依赖程度越来越低，迫使图书馆不得不在服务内容、服务方式和资源建设等方面发生变革和突破。虽然泛在服务的概念提出的时间并不长，但是泛在服务的思想在图书馆服务领域却是由来已久的。民国时期图书馆界所开展的流动图书馆服务，战时图书展览以及改革开放以来各地图书馆的流动服务等，都可以视作图书馆泛在服务的雏形或者前身。

泛在图书馆的革命性主要在于突破了传统图书馆和一般意义上数字图书馆的藩篱，让人们利用图书馆能够不受时间和空间的限制，真正体现了以人为本的图书馆服务思想。

（五）文化服务

文化服务是指提供知识文化和精神文化的服务。主要包括两方面的内容：

1. 文化展示

通过利用人文地理、历史回顾、社会热点、科学普及等方面的内容举办多种形式的主题展览，扩充读者用户的知识结构和文化视野。例如，洛阳理工学院的李进学艺术馆、李凖先生纪念馆，河洛地区精品碑刻陈列室等主题展馆。

2. 文化活动

通过图书捐赠、读书有奖知识竞赛、图书漂流、精品图书展览、污损图书展览、经典视频展播、名著影视欣赏、名著名篇朗诵、品茗书香思辨赛、优秀读者评选、搜书大赛、书法作品展、读书摄影比赛、读书微视频比赛、读书达人秀、一站到底、书模表演等各种各样的阅读推广活动，普及文化知识，整体提高国民素质。

文化服务不仅仅是一个简单的服务过程，而且是一种智慧化服务过程。这个过程既是高层次的信息文化服务过程，又是一个教育的过程，二者缺一不可。

（六）空间服务

空间服务是指利用图书馆的空间环境为用户提供的服务。包括环境空间服务和信息空间服务两大方面。不可否认，无论是文献服务、信息服务，还是知识服务、文化服务都离不开图书馆的空间环境。图书馆是人与人交流的最佳场所，是聚集信息资源和人的资源的知识空间，并鼓励用户按照他们的想象来重新设计超越传统图书馆的新空间。

读者对图书馆的关注和来图书馆的目的发生着改变，这就需要多样化的空间环境，这就促生了图书馆的空间服务。读者需求的不断变化也使得图书馆的空间设计从信息共享空间到学习共享空间，到学术共享空间，到创客空间的完整规划。多元化的空间服务，不仅提升了图书馆的人文气息和学习环境，还提高了图书馆的运行和服务效率。

三、大数据在图书馆服务中的运用

图书馆大数据服务发展，要紧紧围绕大数据这一时代主题，树立大数据思维的服务理念，将大数据技术应用于图书馆业务中，提升图书馆信息化服务水平，促进大数据与图书馆业务的高度融合，提高图书馆综合业务水平。

（一）加强图书馆数字信息资源建设

为了更好地在图书馆中开展大数据服务，需要扩展数字信息资源的采集范围，实现图书馆本地资源与互联网资源的有效整合，树立优化处理复杂数据信息资源的发展理念，制定并完善大数据信息资源发展猜想。

1.拓展图书馆数字信息资源采集范围

数字信息资源是当代图书馆的立足之本，在图书馆大数据信息化服务发展中具有举足轻重的作用。因此，图书馆不但要注重纸质资源，如图书、期刊、报纸等信息资源建设，更要有效拓展数字信息资源范围。引进一些读者需求量较大的信息资源，如社会热点信息、网络热点等，搞好图书馆数字信息资源建设。此外，还应将具有相互联系、经过挖掘分析后的数据进行汇集和存储，进而传播知识和文化，提高数字资源的质量和利用率。

2.加强图书馆资源组织加工深度

资源的组织加工是对数字信息资源的整理排序，使信息资源更加有序，方便读者阅读查阅。在图书馆中，结构化信息本身具有一定的知识表现形式，但这种知识表现形式仅限于信息资源库内部，读者在一般情况下很难理解。因此，应将图书馆内外的数字信息资源建立语义联系，形成完整的图书馆数字资源组织架构，面向全社会开放，方便读者查阅。此外，对于历史悠久的图书、报纸等纸质信息资源要妥善保管，组织加工，发挥其有效价值。

（二）应用大数据处理技术

为了提高图书馆数据处理能力，应将大数据技术应用到图书馆信息服务中，解决实际问题，实现图书馆信息服务的转型升级，提高图书馆综合信息分析处理能力，提升图书馆信息服务质量。从整体来看，主要包括数据采集、信息处理、组织架构、知识挖掘、分析预测、结果呈现、服务技术等。应用大数据技术是做好图书馆信息资源服务，提高图书馆综合信息分析处理能力，提高图书馆信息服务质量的重要保证。

（三）提升图书馆大数据服务质量

大数据应用为提升图书馆大数据服务质量提供了广阔的发展空间。通过大数据的分析，及时发现服务中的弱点、难点，及时了解读者需求，使服务做到精细化和精准化。为了向读者提供优质的信息资源服务，既要妥善解决图书馆资源分布不均的问题，又要提高信息资源的质量；既要使信息资源具有权威性、深度性、针对性、实用性，又要创新服务模式，以主动的服务模式代替被动的服务模式。

新的服务模式将根据用户的行为有针对性地为用户提供个性化服务。例如，现在许多图书馆已经采取自助式服务模式，为读者搭建主动服务平台，提高了读者检索信息的及时性和准确性。另外，应将先进的大数据技术应用到图书馆大数据服务中，即应用大数据技术提高服务质量。图书馆数字参考咨询服务应在数字化的基础上实现智能化服务。例如，实现人机自动应答、读者相互应答、互联网专家解答功能，使读者能真切感受到这项服务的方便与快捷，使其成为读者工作、学习和科研的良师益友。因此，图书馆主动服务模式是顺势而为，优质服务将与大数据技术结伴而行。

（四）创新图书馆大数据服务理念

图书馆应当将大数据思维融入服务理念中。首先，要扩宽服务范围，由面向本单位提供服务转变为面向全社会提供服务；其次，要扩展服务领域，扩大可提供信息服务资源的种类；最后，要改进图书馆的服务方式，扩展信息资源的传播形式，如在实现图书馆自助服务和资讯服务的基础上，根据分析读者的浏览行为、需求等，向其提供个性化服务。此外，还需建立移动网络参考咨询平台，在已面向固定网络的读者提供服务的基础上，向移动网络的读者提供服务，进而全面拓展大数据服务范围。

第三节 大数据环境下的图书馆服务职能

一、传统图书馆的服务职能

国际图联（IFLA）1975 年在法国里昂举行的关于图书馆职能的学术研讨会，达成以下共识：图书馆具备四项社会职能，即保存人类文化遗产、开展社会教育、传递科学情报、开发智力资源。

（一）尽力悉心保存人类文化遗产

收藏典籍，保存人类文化遗产，是图书馆的基本职能，也是其他一切职能的物质前提和工作基础，如果没有这一职能，其他职能就不会发生作用。图书馆从其诞生之日起，就担负起保存人类文化遗产的神圣使命。从文章到图书，以至所有文献资源都是图书馆收集、整理、分编、入藏、传播和服务于公众的对象。如果没有图书馆的存在，不知道会有多少的美文佳作失传于世。可以说，人类的文化遗产，包括物质文明和精神文明的重要成果，绝大多数都是经过图书馆等文化机构的不懈努力而完好保存下来的。

（二）传播知识，进行社会教育

图书馆具有传播知识、对读者进行教育、促进科学文化事业发展的职能。随着社会的发展，图书馆进行社会教育的职能也会更加突出。近百年来，由于人类知识更新速度的加快，学校教育已经不能够完全满足人们对知识的需求，图书馆给人们提供了一个接受终身教育的平台。由于图书馆的藏书量极为丰富，并且包括各个门类的知识，涉及的范围极其广泛，因此社会各阶层的群众，从专家学者、工程技术人员到学校学生和少年儿童，只要具备一定的阅读条件，都可以成为读者。其教育对象是整个社会的广大群众，正如一些图书馆界的专家所指出的：图书馆的主要社会职能在于向民众提供一个接受终身教育的场所。

（三）传递科学情报

图书馆收藏了大量科学文献资料，它是汇集科技最新成果的情报基地，也是组织、利用世界图书文献的基地。图书馆进行科学文献情报的传递工作，不仅为科学研究提供所需要的图书资料，而且传播最新的科学知识和科研成果，指导科学研究的发展现状和发展动向，帮助科学工作者掌握世界上科学研究的先进水平和进展趋势，以方便其确定研究方向。

世界上工业发达的国家都高度重视图书情报工作，把它当作一种"国家资源""无形的财富"，与能源、材料相并列，作为发展科学技术的三大支柱。基于这一认识，人们认为充分挖掘和利用图书情报资料，如同开采自然资源一样，具有非常重要的意义。

（四）开发智力资源

图书馆是开发智力资源的上佳场所。智力资源是人类特有的心理活动，是人们认识能力和实践能力的总和。智力的优劣可以反映出人们对于客观世界所认识的正确程度和水平高低。构成智力的五大因素，观察力和注意力、记忆力、思维力、想象力以及判断力均与信息息息相关。因而图书馆被誉为知识宝库、信息枢纽和智力资源。

同时，学习是开启智力资源宝藏的钥匙，图书馆积淀着厚重宏大的科学文化底蕴和内涵，营造了温馨、舒适、便捷的读书学习氛围，是开发智力资源的一个理想场所。

二、大数据对图书馆职能的冲击

（一）信息化浪潮的冲击

1. 信息化与大数据

在社会信息化和信息社会化大潮流的推动下，现代人类社会的各个领域都在发生革命性的变化。信息化的发展对图书馆的发展均具有很重要的影响。相比传统的信息化，大数据的核心价值并不只是对过去客观事实的统计，而是基于对大量事实统计的基础上，利用分析工具实现对当前形势的科学判断和对未来形势的科学预判，为科学决策提供支撑。大数据技术与传统信息化最大的不同在于：传统信息化基于数据更注重查询功能，大数据技术则更注重信息的互通互联，从而实现智能分析、预测、预警和决策的功能。大数据既建立在信息化基础上，又加快了信息化的进程。信息化汇聚了部分数据，而只有当这些数据相互碰撞时才能迸发出巨大价值。

2. 信息化对图书馆服务职能的冲击

20世纪是人类在信息技术上取得辉煌成就的一个世纪，电子计算机的发明大大加强了人类加工、存贮、检索信息的能力，现代通信技术的发展大大提高了人类获取和传递信息的能力。而在电子计算机技术和现代通信技术结合的基础上产生的电子信息网络，又使人类获取信息的能力在质和量上出现了一次新的飞跃。信息革命给图书馆带来的将是有史以来最为严峻的考验，图书作为一种实体有可能会被虚化，进而出现无人、无书、无馆舍的"三无"图书馆。即使不是如此，图书馆原有的职能也有可能被弱化或转化。

随着现代科技不断发展，信息活动逐渐渗透到社会生活的各个方面，一个全球性的信息系统正在形成。信息活动从形式上看，将由集中走向分散，信息机构也将走向分散。传统的信息活动往往只集中于大型图书馆，而现代信息活动则会涉及社会各个层次结构。由于网络信息技术的出现和普及，信息的获取日益方便，人们不再需要去往图书馆就能检索到所需信息。

以上这些变化，从根本上改变了图书馆的外部技术环境，门庭若市这种在图书馆发展过程中常见的现象，也许很难再现于网络环境下的图书馆。正如图书馆学家陈钦智所讲："近年来飞速发展的通讯、多媒体和数学技术从根本上改变了我们生产、收集、组织、传递和使用信息的方式，图书馆的职能面临改变。从历史上看，图书馆也从传统的藏书库转变为主动的信息中心。"

3. 图书馆在信息时代的优势

挑战与机遇并存。图书馆在信息社会中仍有不可替代的作用，并且在网络环境下图书馆还具有自己独特的优势。这种优势表现在以下几个方面：

第一，它拥有大量宝贵的文献信息资源，这是其他各种信息机构所不具备的，只要善于开发利用这些资源，图书馆就能成为一个能动的信息中心，成为网络信息的重要提供者。

第二，有一批训练有素的信息工作者，广大的图书馆人员积累了一定的信息与信息服务方面的经验。

第三，有一批相对稳定的用户群。

第四，有政府的支持。

以上优势说明，每个图书馆都有可能成为积极主动的多媒体信息源的提供者，同时也能成为全球信息网络的有效节点，并通过这个节点向用户提供所需要的全球信息。

（二）知识经济的冲击

在近些年的信息传媒中，"知识经济"已经成为出现频率最高的一个词语，"知识经济"正在向我们走来，并且将会成为 21 世纪社会发展的新趋势。"知识经济"是以智力资源的占有、配置，以科学技术为主的知识的生产、分配、使用为最重要因素的经济。知识经济带给人类社会的影响将是全面的、巨大的和深远的。知识经济不仅对中国的经济领域是一种挑战和机遇，对中国的图书馆界而言，也同样是一种挑战和机遇。

知识经济的发展，促进了知识的创新、交流和利用，不仅产生了许多新型的信息载体，而且必然会带来信息量的大爆炸。近几十年来，人类生产的信息已经超过有史以来几千年所产生的信息的总和。汹涌而来的信息浪潮已经使人们感到无所适从，在这种情况下，一方面，对信息的加工、管理和开发利用变得日益重要，过去的卡片目录、文摘刊物等已经无能为力，探索先进的信息加工、管理和检索技术已经成为当前信息界的一个热点；另一方面，人们对专业的信息机构和信息工作人员依赖更大，希望得到帮助和支持。因此，信息社会不是不要图书馆和情报机构，而是图书馆和情报机构如何去迎接知识经济的挑战，探索更好的管理和开发信息资源的方法与技术，更好地为信息用户提供服务。

知识经济是一种新型的经济，它的发展取决于对知识的占有。因此，人才对知识经济的作用大大超过了人才对农业、工业经济的作用。同时，它需要的是一种新型的人才，即富有创新的人才。同样，信息社会对图书情报工作人员的工作技能和工作效率也提出了更高的要求，他们必须是高素质的复合型人才，既掌握现代信息技术，又熟悉市场需求和社会不同用户，能提供各种适销对路的信息产品和快速优质的信息服务。除此之外，一方面，国家应加大力度，采取更加具有开拓性的形式和方法，培养新一代的图书情报人才；另一方面，现有的图书情报人员应积极接受继续教育，学习各种新的技术和技能，以适应信息社会的需求。

三、图书馆服务职能的转变

在大数据时代，要想进一步做好阅读推广，就需要适应时代的发展，改变传统的图书馆服务职能，结合大数据理念进行转变。

（一）开展多种服务方式

1.把借阅服务从馆内推向馆外

把读者吸引到图书馆的周围，为读者服务是图书馆全部工作的出发点和目的。除了对馆内的读者实行优质服务外，对馆外的读者也应该一视同仁，尤其是对老干部、军人、残疾人实行特殊服务。比如派专人为他们送书，设立图书流通站为更多的读者提供优质的服务。

2.举办展览

举办展览活动是拓展图书馆服务职能的又一重要措施。它是宣传社会主义两个文明建设成果对读者进行教育的一种形式，又能定期向读者提供新书目以及专题资料索引。

3.定期举办各种类型的知识讲座

由于图书馆是一座没有围墙的大学，所以图书馆这所"社会大学"应该走开放型、服务型之路。敞开大门为读者服务，举办各类知识讲座不仅能够充分发挥图书馆的教育职能，也能拓宽读者的知识面，使图书馆的现有资源得到充分的利用，进而使他们能更好地适应社会的发展需要。

4.更好地开展信息咨询服务

信息咨询服务是现代化图书馆的一项主要职能，是图书馆信息服务的高级服务形式，也是图书馆的基本服务项目。咨询服务工作开展得如何，是衡量图书馆的社会地位和影响作用的标志。其目的是提供目录导引或解答用户的咨询问题，运用计算机检索帮助用户查找所需信息；信息咨询服务是属于知识密集、技术含量高、社会效益显著的综合性服务行业，以深层次开发文献信息产品为基点，大力开发具有高度准确性、真实性和具有较高的科学价值，以及具有长远效益的信息产品。

因为充足的信息资源是信息咨询服务的物质基础，要建立各类信息咨询机构，建立图书馆信息服务网，加强馆际交流与合作、互通有无，充分利用图书馆的资源，最大限度地实现资源共享；改变过去等人上门的被动服务，积极主动地为社会服务，为方便用户获取所需资料，扩大用户可利用资源的程度，科学地处理"藏"与"用"之间的矛盾，从而使图书馆逐渐成为文献信息服务中心，大幅度地提高图书馆馆藏资源的利用率；满足读者用户对各类信息的需求，提高咨询服务水平，还应想办法扩大服务对象范围，提升市场竞争的能力。

5. 开展馆际互借

它是馆与馆之间在文献信息资料利用上互通有无、互为补充，来为读者提供服务的一种方式；是扩大馆藏资源，实现资源共享，充分满足读者需求的主要手段之一；是图书情报部门进行文献资源协调共建的主要目的之一。联合目录是开展馆际互借的必备工具，能迅速、准确、及时地反映馆藏的流通状态，使互借申请有针对性，检索途径多且便捷，方便读者利用。区域性馆际合作的开展，使图书馆文献资料收藏的有限与读者需求的无限的矛盾在一定程度上得到缓解，极大地提高其流通率和利用率。

6. 建立信息服务网络

任何一个图书馆所拥有的馆藏文献都是有限的，所提供的信息产品也是有限的，所以只有利用现代化的网络技术以及图书馆之间的协作优势，提供全文本、超文本以及多媒体的信息服务。它能使用户在查寻中央联合目录数据库时从系统的任何一处要求网上的内容，使所有入网的用户均可坐在家中或办公室内，足不出户通过自己的终端检索网上所需文献，使图书馆的信息资源实现充分利用。

7. 开展创新服务和特色服务

创新服务主要指图书馆的现代服务，也就是说图书馆参与科技研究，把最新的信息以最快、最准的形式提供给科技人员，这种参与的结果能直接或间接地创造出相应的社会经济价值，也能展示图书馆员自身的价值。特色服务就是图书馆的服务形式、服务内容、服务效果的完美统一。开展特色服务是图书馆在做好常规服务的同时，根据现实的需要与可能，选定某一专题或领域作为自己的优势，在一、二、三次文献的收集、加工和提供利用上进行整体规划，形成特色，如此就能集中优势对某一服务领域进行重点开发，提供独具特色的信息服务，以满足信息用户的特定需求。

（二）建立合理的规章制度

建立岗位考核、奖惩制度、业务档案、业务统计等相关制度。调整岗位结构，根据各自的特长设岗定量，充分发挥全馆人员的积极性，强化图书馆的管理，对业务操作规程实行必要的检查，以便更好地修改完善其规章制度，合理地调配和安排人力、物力，努力做到人尽其才、物尽其用。

（三）提高图书馆工作人员的服务水平和服务能力

首先，优质的服务是深化图书馆的改革工作、促进图书馆事业发展的一项重要措施。由于图书馆的读者服务处于第一线，每天要接待成千上万的读者，不仅为他们提供各项服务，而且要组织、宣传、推荐图书和组织指导读者阅读，工作十分繁忙。因此，既要树立"读者第一""服务至上""全心全意为读者服务"以及"急读者之所急，想读者之所想"的思想，又要加强图书馆工作人员的业务水平，强化服务意识，使馆员不仅具有图书馆学、情报学等专业知识，还应具有一定的外语水平和其他相关学科的知识。

其次，为了适应信息时代的发展，应该尽快培养一批名副其实的信息咨询、信息检索、网络分析等专业人才。由于用户缺乏应用现代网络技术进行查新检索的知识与技巧，容易造成误检和漏检，故应以举办业余讲座、短期培训班等短、平、快的形式对用户进行分期分批的培训工作，重点向他们介绍检索方法和技巧，创造条件积极主动地与用户交谈，与用户共同制定检索策略，获得满意的检索结果。这不仅有利于提高用户的检索水平，提高检索的速度和质量，而且提高了服务层次和质量，更好地向各类信息用户提供优质的服务，适应社会的需要，赢得信息用户的信任和支持。

总之，图书馆实行多种服务模式并存、灵活有序的综合运行机制，提高了工作人员的相关素质，更新其知识结构，提高其服务技能和水平，积极主动地提供高效优质服务，才能使图书馆服务工作适应市场经济的需求，才能在广度、深度上有所发展，充分利用图书馆资源，使图书馆的服务工作迈上一个新台阶。

第四节　大数据环境下的图书馆服务管理

一、图书馆服务管理

（一）图书馆服务管理概念

图书馆服务就是图书馆利用馆藏和设施直接向读者提供文献和情报的一系列活动，有时也称图书馆读者工作。原则是"读者第一""用户至上"，一切从方便读者出发，对不同类型的读者提供有区别的服务。

图书馆服务的指向是读者，服务的内容是借阅、复印、咨询、情报、讲座、展览，以及读者研究、读者教育等。服务主体是图书馆员，服务形式表现为一次性。图书馆服务是一项具体琐碎的工作。

图书馆服务管理就是对图书馆员服务内容及过程的动态管理，不同于图书馆服务，是宏观的管理工作。

服务管理的内容，既有对图书馆员工作的部分，也有图书馆规章制度的部分，还有读者管理部分。

因此，图书馆服务管理是图书馆全面工作的管理。

（二）图书馆服务管理的内涵

图书馆服务管理指对图书馆服务系统中的人、物、时间、信息等要素进行合理的安排、布置和整合，以发挥其最佳综合效益，是图书馆根据读者感知服务质量的产生和变化，进行服务的开发和管理，以实现效果、质量和各方（图书馆、读者、社会和其他利益相关者）目标的管理活动的总称。服务管理作为图书馆管理的重要组成部分，包含如下三方面内容：

第一，以"始于读者需求、终于读者满意"为导向，对图书馆服务进行战略管理。

第二，以追求"优质服务"乃至"卓越服务"为目标，通过对服务的开发、设计、整合、创新的全过程管理，不断拓展服务空间、创新服务手段、增加服务内容、保证服务质量，实现图书馆的可持续发展。

第三，以提高服务资源利用效率为目的，对技术、设备、信息资源、馆员等服务资源进行最佳配置和利用，以更好地发挥图书馆的社会价值。

（三）图书馆服务管理的特征

服务的无形性、异质性、同步性和易逝性，决定了图书馆服务管理具有以下特征：

1.服务的标准化和个性化

标准化服务和个性化服务是图书馆优质服务的两个重要组成部分。标准化服务是由各种标准、程序和一系列环环相扣的、规范的服务环节构成的服务操作系统。标准化要求馆员必须按照程序和标准，把良好的服务技能、技巧不折不扣地体现在整个服务过程的各个环节上。而个性化服务是一种柔性的、针对性较强的、追求满意最大化的服务工程。个性化服务要求馆员在服务过程中淡化自我意识而强化服务意识，要以顾客满意为导向，强调感情投入和细致服务，要求根据个性需求提供有针对性的满意服务。

标准化服务与个性化服务，既相互区别又相互依赖、相互转化，个性化服务必须以标准化服务为前提和依托，没有规范服务的基础就没有真正的个性化服务。要达到服务个性化的要求，首先要有很好的标准化服务作为前提和基础。个性化服务源于标准化，又高于标准化。

但是，如果仅停留和满足于标准化服务，不向个性化服务发展，服务质量就难上台阶。个性化服务是一种具有灵活性和创造性的服务行为和艺术，它的灵活性在于不照抄照搬条条框框，因人而异，因时而变，使读者能获得超过传统服务规范内容，满足个性需求的服务。

2.服务管理的刚性管理和柔性管理

刚性管理和柔性管理是现代管理的两种方法。刚性管理是通过制定一系列章程、规定和规则。采取强制的方式与手段使馆员遵守和执行，使图书馆管理规范化、制度化，刚性管理制定了一系列严格的规章制度，能使整个图书馆工作运行有条不紊、各行其责。

柔性管理相对于刚性管理而言，是随着社会的进步应运而生的一种现代管理理念。它的理论支点是以人为本，它的实践意义是建设和谐社会，它的本质特征是人性化管理，它的核心要求是尊重人、关心人、理解人、疏导人、用好人。柔性管理以引导、发展个人能力为方法，最大限度地发挥馆员的自身价值，充分发挥员工的积极性和创造性，向读者提供优质服务。图书馆服务管理只有将刚性管理和柔性管理有效结合，才能更有效地保障图书馆工作长期、健康蓬勃地发展。

（四）加强图书馆服务管理的意义

当今社会处于信息化高速发展的时代，数据的爆炸、大数据的发展使得广大读者获取信息的渠道更加宽广，因此，传统的图书馆服务已经不能完全满足大多数读者的阅读需求。图书馆是否能够充分地满足读者的需求，取决于图书馆的服务管理是否到位，因此，改善对读者的服务工作是图书馆转型的重点任务。图书馆必须改善现行的服务方式，适应广大读者的阅读需求，促进图书馆的快速发展。总而言之，必须采取有效的措施大力推进图书馆的服务管理工作。

无论在哪个时代，图书馆都在整个社会中占有相当重要的地位。首先，图书馆中具有相当大的馆藏书籍，读者能够在其中找到自己所需的资料，同时，图书馆还为读者提供安静的读书环境以及良好的学习平台。其次，图书馆能够有效地拓展图书馆工作人员的知识广度，因为图书馆中的大量储藏书籍需要工作人员来进行整理，而工作人员必须对各种图书有一定的理解，所以，图书馆的管理工作能够有效地拓展工作人员的知识面。最后，图书馆优质的服务管理工作，能够为各个学科的科研人员提供更有针对性的信息和资源。

二、大数据时代图书馆服务管理创新

（一）图书馆服务管理创新

1.加强图书馆员的素质培训

近几年，大大小小的图书馆都在狠抓馆员素质方面下了不少功夫，馆员的整体水平也有了提高，但大多数图书馆只注重馆员文化素质的培养，而忽略综合素质的提高。能否真正给读者提供高质量、高效率、高品位的服务，关键在于馆员的综合素质。首先，馆员应有一定的文化素质。要给读者高水平的服务，馆员必须具有一定的知识才能、文化水平和学识修养，因此定期对馆员进行文化知识的培训是非常有必要的。其次，馆员应该具备一定的道德素质。良好的服务态度需要有良好的道德素质作保证。对需要更多的服务的读者，馆员应该一如既往地提供优质的服务，切不可表现出对读者的不满。图书馆馆员的素质关系到服务的质量和图书馆的建设和发展，管理者应重视馆员的在职培训，采取全员普及培训和定向培训相结合的措施，成就一批能为读者提供高层次服务的复合型人才。

2. 树立与时俱进的创新服务理念和服务意识

"以人为本"的服务意识才是与时俱进的创新服务。人是图书馆一切活动的主体，所以认真贯彻以人为本的理念在图书馆服务管理中显得尤为重要。

（1）营造人文气氛

图书馆员需了解读者，尊重读者，爱护读者，以满足读者的需求为己任，对读者坦诚相助。例如，在图书馆网点布局、开放时间和开放程度上照顾广大读者的需求，为读者提供多样化、人性化的服务等。虽然读者最看重还是图书馆的资源和先进的手段，但同样期望拥有一个浓郁人情的人文环境。图书馆发展的永恒主题都应密切围绕人文关怀。

（2）最大限度提供优质服务

图书馆员对读者的尊重不能仅限于微笑，这是最基础的服务。以提高工作的效率，全方位满足读者对图书馆信息资源的需求，才是对读者的最大尊重。满足读者的每一个合理的需求，让读者在图书馆有宾至如归的感觉。

（3）方便快捷的服务方式

在制定图书馆规章制度时，要考虑读者的需求和利益，立足于方便读者，减少一些繁琐且不必要的规定和限制，开放式的管理与自助式的服务往往备受读者推崇。同时，图书馆的服务工作重点已由满足书刊借阅文献需求为主，转变成以知识信息和知识开发为主。而图书馆需要不断丰富和更新本馆的网页内容，建立有特色的馆藏文献数据库和信息导航系统，完善网上咨询业务，对文献信息资料开展深层次信息加工和参考咨询服务。对不同年龄、不同层次的读者设立专门的板块并加以教育引导，让读者能够快速熟悉整个图书馆的网络系统的功能。

3. 设法满足读者的信息需求

满足读者的信息需求，需要把"读者第一，读者至上"作为读者服务的立身之本，图书馆内从领导到具体服务人员都需要增强读者意识，要深入读者中去，倾听他们的声音，征求他们对于文献资源的需求。重视读者对图书馆服务的反馈信息，及时并有效地处理。可以对读者进行回访调查，对读者的需求与意见做详细的了解。稳步向国内成熟的服务业看齐，真正地把读者当顾客、当上帝来看，这样才能更好地向社会新型服务业发展，提高自身的竞争力。

4. 改善图书馆员知识结构

加强相关性知识的教育，改变图书馆馆员的知识结构，也是非常必要的。它也是图书馆馆员接受继续教育的重要内容之一。目前，信息化技术对图书馆传统职能的拓展，图书馆从对文献资源管理到信息资源管理的转变，势必在信息活动中涉及人、经济、技术等诸多因素及其相关的问题，必然要求图书馆员对经济类、管理类、法律类、信息以及其他学科方面的有关知识有所了解。例如，通过学习"读者心理学""信息管理学""信息加工""信息资源建设""信息技术""信息检索和计算机应用技术"等多方面的相关知识来加强与读者的沟通，加速信息传递，以便能使信息资源的开发与利用实现最好的效果，从而提高服务质量。

（二）读者服务管理创新

随着接收的信息累积量增加，大数据系统进行智能选取并完善自身成为可能。大数据应用的最大意义在于它的预见性。通过有机整合海量信息进行深度数据挖掘，呈现这些数据所蕴含的可能性，预测将要发生的事情，以此使图书馆提供的服务具有预见性。

图书馆可以通过运用大数据技术，将大数据中结构化、非结构化的信息，根据读者所需进行智能选取，并进行逻辑整合，提高图书馆信息资源利用的时效性，为读者提供更有效服务。

大数据背景下图书馆读者服务的管理创新还可以通过对用户个性化的阅读行为分析，确定读者信息需求的范围和方向，通过对读者进行各种算法技术的科学分析，预测出读者的阅读意愿，使图书馆能够为读者提供具有前瞻性的信息服务。大数据背景下图书馆服务管理创新还表现为，利用数据分析和挖掘可以为读者提供专属的个性化信息服务。

大数据背景下，图书馆服务的重心发生改变，不再满足于提供一次性的纸质文献服务，而是转向对读者提供加工和整合后的网络信息个性化服务。面对大数据时代的海量数据和杂乱信息，用户想准确、迅速寻找到自己所需信息费时费力，这就为图书馆、为用户开展个性化的专属信息服务提供了契机。用户通过登录图书馆系统，就可以根据自己的需要，在专门的栏目，提出个性化服务要求。图书馆利用图书馆网页的论坛或者微博、微信、QQ等交流平台，将定制的阅读信息及时推送到读者手中，就可以减少用户无法在海量信息中准确寻找的苦恼，同时，还能提升信息的时效性和信息的使用率。

大数据背景下，图书馆信息服务更加开放，可以实现服务对象社会化创新，传统图书馆多数只为本校师生及科研人员提供信息服务，提供馆内"面对面"服务，并且受本馆开馆时间限制。在大数据背景和网络环境中，图书馆与读者不再拘泥于时间、空间的局限，不同时空的数字化访问成为现实，网络环境下，图书馆信息服务对象将会得到更广泛的拓展，为保障全世界所有用户服务成为可能。

第三章 高校图书馆信息服务

第一节 信息服务手段与信息手段模式

一、图书馆信息服务的概述

（一）信息服务

与其他社会服务相比，信息服务是一种更具社会性的服务，在现代社会中，无论是工农业生产与经营、科学研究与开发、商业流通、文化艺术、军事等领域的职业工作，还是社会管理与服务工作，都离不开信息的发布、传递、搜集、处理与利用，因此都需要有相应的"信息服务"为其提供保障。

传统信息服务的重点是指导读者利用图书馆，教会读者使用卡片式目录，指导读者使用参考工具书和检索工具书，指示读者有关藏书的地点以及提供参考咨询等。图书馆自动化系统的使用，使卡片式的目录过渡到 OPAC（联机公共检索目录），帮助读者使用 OPAC 就成为参考服务的项目之一。随着光盘数据库的普及，图书馆又增加了光盘检索服务。全文电子资源的出现，促使"一体化"检索服务的形成，读者可以完成从查找文献线索到获取全文的所谓"一站式"服务。互联网的发展，更是拓宽了信息服务的范围和方式，除了传统的直接面对读者解答问题之外，一些借助于网络的信息服务（网络信息服务）形式也应运而生，如电子邮件、实时问答、超链接（文本、图片、PDF 格式、课件等）、在线指南、虚拟参考平台等。

信息服务的解释有广义和狭义两种：广义的信息服务是以信息为内容的服务业务，其服务对象是具有客观需求的社会主体（包括社会组织和社会成员）。在服务中，这些主体被称为用户。在图书馆和情报（信息）部门开展的文献信息服务中，用户通常指科研、技术、生产、管理、文化等各种活动中一切需求与利用信息的个人或团体。狭义的信息服务是机构或系统将搜集到的信息经过加工、处理后，利用各种手段和方式为社会或本机构内部提供信息产品和服务，满足信息需求的一种有组织的活动。信息服务是独立的机构或机构的某一规定功能的形式所表现的一种资源，它的目的是为用户群体提供信息。

（二）网络信息服务

由于网络信息咨询是网络信息服务的核心内容和主要表现形式，因此也有人用网络信息咨询代替网络信息服务。可以说从狭义的角度来理解，网络信息服务是指信息咨询顾问和用户之间借助各类网络进行信息传递和交流。具体地说，就是信息咨询顾问针对用户的信息需求，利用各类网络检索、选择、加工、传递信息，并形成信息咨询报告，提供给用户。而从这一角度来理解，网络信息服务的主要使命就是为网上诸多数据库、电子资源提供咨询服务。

网络信息服务的立足点为网络信息资源，网络信息资源作为信息资源的特殊形式有其特有的性质，但作为信息资源的本质属性并没有改变。因此，开展网络信息服务应借鉴传统图书情报领域的一般理论和方法。同时，在市场机制下，网络信息服务走产业化发展道路是其必然趋势，因此网络信息服务的开展除图书情报部门外还应有其他主体的参与。兼顾这两方面，根据以上几种观点，本书从网络信息资源开发利用的角度将网络信息服务界定为：针对用户的信息需求，以现代信息技术为手段，依托计算机通信网络，向用户提供原始信息以及经加工整理的有效信息、知识与智能的活动。

（三）图书馆网站

图书馆网站和数字图书馆也是一对容易混淆的概念，很多人将数字图书馆等同于图书馆网站，因为数字图书馆通常都是以网站的形式予以呈现。

数字图书馆（Digital library）是这样一个组织，它为包括特定人员在内的人们提供资源，并通过选择、整理、提供智能化途径来解释、传递、存贮数字化成果，以使它能够随时方便而经济地被一定地区或一些地区所使用。它的核心是数字化和网络化，实质是形成有序的信息空间。数字图书馆是一个"虚拟的图书馆"，它在本质上是实体图书馆的数字化，可以不依附于实体图书馆而独立存在。

图书馆网站则是建立在互联网上的、将各种信息归纳分类的、图像化的应用系统，用户可以通过图书馆网站享受图书馆提供的各种网络信息服务。图书馆网站和实体图书馆是紧密结合在一起的，是利用先进的网络技术将实体图书馆所提供的各项信息服务搬到了互联网上并加以拓展和优化。

1. 加强高校图书馆网站信息资源建设

网络环境下，图书馆的信息资源结构发生了巨大的变化，实体馆藏资源和网上信息资源共同构成了图书馆网站信息服务的资源基础。任何图书馆离开网络资源而靠自己有限的馆藏资源来提供广泛的信息服务都是不可想象的。因此，加强网络信息资源建设是网络环境下高校图书馆网站发展馆藏建设的必然发展趋势。总体说来，主要从以下几个方面进行：

（1）加强数据库建设

数据库建设是网络信息资源建设的基础和重点。缺乏数据库的网络就像无源之水，毫无价值。因此，要提高高校图书馆网站的建设水平，加强网上信息服务能力，必须加强数据库的建设。

①建立联机检索书目数据库

高校图书馆网站作为网络上的图书馆站点，应体现网络资源的丰富性与共享性特征，既能提供数字化的馆藏资源，又能提供馆藏化的虚拟资源。这就要求高校图书馆网站必须建立 OPAC 联机检索书目数据库，一方面提供高校馆藏的现实文献资源的信息，另一方面还能提供具有可获性资源的联机联合目录、光盘数据库书目信息与网络版文献的书目信息。

②建立特色数据库

高校图书馆不仅要建立相关数据库，而且应该根据学校办学方向、专业布局、科研水平及本地区的地方特色等特点，有计划、有目的地把馆藏信息资源中独具特色的特色文献、图片、地图、档案等信息资源转化为计算机化的、可检索的特色数据传输到互联网，建立具有高校特色或高校独有的全文数据库。在建立特色数据库时，要注意按知识点而不是按资源的媒体形式组织内容，成功实现点对多的网上发布式信息服务及点对点的个人专题定制化信息服务，方便用户把握本专业最新发展动态和前沿信息，为高校图书馆信息共享打下坚实的基础。

（2）加强对网络信息资源的整合与组织

①建立电子资源导航系统

信息资源的开发和利用，要体现重在利用。图书馆事业的本质是使信息和知识为读者所利用，开发和引进数据库、电子期刊和网络资源的最终目的是使更多的读者得到更大的利益。但面对如此丰富的信息资源，读者如何在检索决策之前发现和定位自己所需要的数据库已成为一个急需解决的问题。一方面如果无人利用数据库、电子期刊库，不仅会造成图书馆有限资金的浪费，而且也不利于图书馆网站的长远发展。另一方面，由于利用各种途径采集引进的数据库、电子期刊库中收集的电子资源分布在不同的库中，呈离散状态，且大多是根据数据库提供商编排的检索系统组织的，有的会与用户的检索习惯不相适应。因此，高校图书馆有必要根据学科专业特点、读者的信息需求对这些数据库及电子资源进行深度整序和综合处理，建立数据齐备、内容丰富、检索界面友好且检索功能强大的数据库导航系统和电子期刊导航系统。

②建立网上学术资源导航系统

由于网络信息资源具有数量巨大、来源广泛、传播方式多样化以及本身处于一种高度无序状态等特点，广大用户要在网上查找某一方面的信息时往往需要耗费大量的时间和精力，这极大地限制了研究人员和高校师生对网络信息资源的利用。因此，高校图书馆网站应当注用对网络信息资源的收集整理，加强虚拟馆藏的建设。通过对互联网上某一领域的信息进行收集、组织、整理和有序化的资源重组，建立为特定用户群所需的信息资源导航系统。这一方面可提高网络资源的有序化，另一方面又可为广大用户利用网络信息资源提供快捷途径。同时，由于高校图书馆网站所面对的用户群为高校师生和科研工作者，他们大多承担着教学科研的重任，因此对网络资源的组织整理应着重突出学科导航系统的学术性功能。

2.加强高校图书馆网站的网上参考咨询服务功能

①网络环境下永远需要信息中介服务

互联网的飞速发展和广泛应用深刻地影响着社会组织的演进方式，图书馆作为信息交流中介部门正经历着前所未有的改变。网络环境下，读者对图书馆的利用发生了质的变化，读者只需要通过互联网登录图书馆网站就可以访问并了解图书馆的各种服务。图书馆网站的建立促使图书馆作为场所的机能向着作为信息资源和读者之间相互作用的中介机能的转换，图书馆网站的服务功能不仅不能削弱，反而需要强化，因为在任何技术状态下，信息查询者与信息本身都不可能完成准确的动态交互，中介服务永远被需要。

②是网络环境下大多数图书馆网站的必然出路

传统图书馆通过电话咨询或设立参考咨询台，以面对面的交流方式为读者答疑解惑，在参考咨询服务工作方面取得了一定的成功，但终因人力资源及时空所限而难以有更大作为。随着网络信息技术的发展，图书馆迎来了全球化信息服务时代，依托图书馆网站这一信息平台，冲破人力资源及时空限制，重新获得了宝贵的发展机会。但同时应该看到，图书馆也面临着重大压力与挑战。在网络环境中，由于原有的维系读者"忠诚度"的种种条件，如图书馆建筑的地理分布限制了读者对图书馆的选择已经不复存在，读者只需轻点鼠标就可以在瞬间实现对另一所图书馆网站的访问。如何在巨大的网络空间彰显自己的存在是图书馆网站必须面对的问题。对大多数图书馆网站而言，通过竞赛扩大馆藏资源的方式显然不能解决问题。强化网上参考咨询服务功能，通过网络传递有价值的、有特色或者针对性强的服务才是大多数图书馆网站的必然出路。

3.加强高校图书馆网站的个性化信息服务

概括地说，图书馆网站的个性化信息服务是指针对特定的用户知识需求，在特定的信息源中代替用户进行信息检索，并主动提供信息的一种服务方式，随着信息推送技术的运用，改变了信息传递的方向，实现了个性化服务信息传递的主动性。由于个性化信息服务具有针对性、主动性、系统性、新颖性与及时性等性能，它将成为未来图书馆网站信息服务发展的必然趋势。

（1）个性化信息服务在图书馆网站建设中的意义

①个性化信息服务是信息服务的发展方向

随着国际互联网的迅速发展，用户对国际互联网所提供的信息和服务也提出了新的要求，浏览信息不再是他们上网的唯一目的，而是希望随时掌握对他们有用的信息，要求互联网提供的是一种经过筛选、整合、优化后的信息资源。可以想象，个性化信息服务将成为信息化时代的一个基本特征。

②个性化信息服务是满足用户需求的有效手段

面对着互联网上的海量信息，用户最大的难题是如何从信息海洋中筛选出自己所需要的信息。而图书馆网站的用户量大，用户信息需求多样化，但信息获取能力不一，因此千篇一律的服务内容和方式已难以适应广大用户的需求。因此，图书馆网站只有针对用户的个人特点和需求开展个性化信息服务，使用户能随时根据自己的喜好及信息需求的满足程度对服务过程进行控制，才能使用户的信息需求得到更大程度上的满足。

③使图书馆网站信息服务从被动型转为主动型

由于采用个性化信息推送技术，图书馆网站可以根据用户不同的信息需求主动将个性化信息推送到用户界面，让用户根据自己的喜好去选择和组配。这样既可以提供满足大多数用户需求的信息服务，又能够一对一地满足用户的特定信息需求。从根本上改变了"我提供什么，用户接受什么"的传统服务方式，而发展到"用户需要什么，我提供什么"的个性化方式，大大提高了信息服务内容和方式的主动性。

（2）高校图书馆网站个性化信息服务的实现

建立 My Library 系统是目前高校图书馆网站实现个性化信息服务的一个重要途径。高校图书馆网站可通过给用户建立自己独立的页面来提供个性化信息服务，即用户在图书馆网站上注册，设置自己的账号和密码，通过认证后，用户可根据自己的知识结构、信息需求对馆内数字资源和其他网络资源进行筛选、整理，之后图书馆网站自动生成一个由用户自己选择的个性化服务功能和资源类别组成的 My Library 个人主页，显示定制内容。这个主页主要由以下五部分组成：

①网站个性化页面定制

图书馆网站的主页是为适应广大用户的共同需求而设计的，它的设计必然不可能让所有的用户都满意，因此 My Library 为用户提供个性化页面定制服务，用户可通过修改相关参数，自己动手设计出富有个性的 My Library 页面。例如用户可以选择由图书馆网站提供的功能模块或服务类型，设计各模块的布局形式，界面上图像、菜单等的位置，界面的色彩、文字的大小等。而且用户可以根据自己的专业、偏好、兴趣实现对各个信息或者服务模块的具体内容进行定制。

②网站信息资源定制

传统的图书馆网站界面为所有的用户提供统一的资源和服务，显然不适合用户个性化的需求。而 My Library 系统的资源定制功能，可使图书馆网站按照不同专业、层次、地域等针对不同用户的特点、爱好和需求事先组织、分类、聚合自身的文献信息资源和服务，为他们量身定做所需的具体资源和服务，进而使用户能够享受更方便的个性化文献信息资源和服务。

　　除此之外，用户自己还可以对自己所需的文献资源进行管理。例如，利用个人书架，用户可从图书馆网站所提供的全部馆藏数字资源中，选择自己感兴趣的图书或自己需要的信息组织在 My Library 中，形成用户的个人书架。个人书架是完全动态的，用户可随时增加和删除个人书架中的数据库、电子图书和期刊等数字资源。个人书架同时还配备有网上文件夹，方便用户对所选的电子图书、电子期刊、数据库等数字资源按照需要分类整理。

　　建立个人资源导航。图书馆网站搜集大量的本地数字资源和网络资源供用户选择，用户可定制需要的网络资源，并可按自己的想法进行资源分类，建立个人资源导航库。同时网站还提供自由链接功能，即用户除了选择网站已有资源外，也可将网站没有收集，但用户自己已知或感兴趣的网址加入个人资源导航库。

　　③智能代理

　　My Library 系统综合了计算机与网络、人工智能、汉语语言学、情报学、图书馆学等多学科多领域的成熟理论和技术，从而实现了信息检索的智能代理机制。用户可填写信息代理申请表，通过网络递交给图书馆网站系统，它便可以根据用户定制的信息源、检索条件、检索方式和显示方式自动搜索相关信息源。一旦检索到符合用户需求的结果，就将之存放到用户的数据库中，从而实现高效的数据推送服务。用户只需动态刷新页面即可浏览相关的信息，一方面节省时间，解决了用户对信息检索不熟练的问题；另一方面，通过智能代理可提高信息的查全率和查准率。

　　④检索定制

　　针对用户不同的检索习惯，检索定制能充分支持用户在检索策略、检索方法和检索结果上处理的个性化。检索定制也包括用户检索模板定制、检索表示方式定制和检索结果处理定制。其中用户检索模板定制可让用户根据个人所需信息的专业、应用目的、深度、数量进行定制，从而表达自己相对稳定的检索限定条件；检索表示方式定制是指用户可以自定义默认检索方式是简单检索还是复杂检索；而检索结果处理定制则让用户可对输出格式、排序方式、分类组织、数据下载进行定制。

　　⑤网站的其他服务功能定制

　　用户可通过 My Library 定制图书馆网站主页提供的多种信息服务及管理功能。如定制网上预约、网上借书、馆际互借等功能，享受网上服务；定制提醒功能，当预定的图书到馆或者图片快到期时，My Library 会发出信息提醒用户等；定制最新信息通报功能，在用户登录 My Library 页面时，它会根据用户的爱好兴趣或用户的定制要求，自动通告图书馆最新动态和最近投入使用的数字资源信息，例如新购买的网络数据库、电子期刊等，以提醒用户关注，有利于用户快速了解图书馆网站的信息提供情况，方便用户进行选择和利用馆藏资源。

4. 加强高校图书馆网站的网上用户教育功能

（1）加强高校图书馆网站的用户教育功能的必要性

作为图书馆服务的重要组成部分之一，用户教育一直以来是传统图书馆有效地开展其他信息服务项目的基础。在近百年的发展过程中，图书馆用户教育经历了从传统教育到计算机辅助教育、从基本技能教育到信息能力培养的演变。随着人类社会步入信息时代，互联网技术的发展，电子信息和网络资源的迅速增加对高校图书馆网站的用户教育提出了更高的要求。高校图书馆有责任将信息技术、信息检索方面的最新变化、最新方法及时介绍给教师、学生和科研人员，增强他们的信息获取能力，使其能够充分利用互联网和现代信息技术的优势，跟上本学科、本领域的最新发展。而信息技术的快速发展在给网上用户教育带来挑战的同时，也为它带来了新的发展机会。正如我们可以利用网络传递信息一样，我们也可以利用图书馆网站来向远距离用户传递即时的、适应需求的和适当的用户教育，这对于强化高校图书馆网站的现代化服务职能，拓展其生存空间具有重要意义。因此，网络环境下的高校图书馆网站更应该加强其网上教育指导功能。

随着互联网逐渐深入人们的生活，及时了解新的发展变化对于广大高校用户来说变得极为重要。因为只有具备较强的信息获取能力，能够独立、及时、准确地找到所需的信息，才能在日新月异的今天走在国际科技发展的前沿。但是一方面由于互联网上的免费信息越来越多，另一方面由于与国外信息系统的广泛联系，大量国内外数据库的集中引进，用户所掌握的信息检索知识不足以帮助他们有效地获取所需信息。网络环境下，用户面临着从不同的信息源中选择正确的数据库和对不同的数据库进行有效检索的问题，还面临如何将不同数据库的检索结果融合的问题。用户不再仅仅满足于从图书馆网站上获取局限于图书馆基本知识教育和数据库使用指南等方面的一些简单用户教育服务。网络环境下，用户对高校图书馆网站的用户教育服务提出了更高的要求。

（2）加强高校图书馆网站网上用户教育的策略

①树立明确的网上用户教育目标

纵观国内高校图书馆网站，网上用户教育整体水平一直停滞不前，其最根本的原因就在于忽略了网络环境下广大用户的实际需求，没有树立明确的教育目标，以至于网上用户教育流于形式。

高校图书馆网站所服务的用户对象是高校的师生员工，其中有刚入校的新生，也有肩负重要科研任务的科研工作者。因此，高校图书馆网站要针对用户需求，树立明确的教育目标。一方面，要开展图书馆基本知识教育，让新用户能很快了解图书馆网站及其基本功能，并学会使用网站资源。另一方面，要通过深层次的用户教育让用户拥有很强的信息获取能力，使用户具有将科学原理运用到信息处理的问题中的能力，能够选择和使用适当的检索工具以获取与学习和工作有关的所需要的信息，能够利用信息和实施满意的信息检索。

而这将成为网上用户教育的重点之一。

②网上用户教育的具体组织与设计

目前大多数高校图书馆在开展网上用户教育时，只是简单地将教学大纲、参考文献以文本文件的方式上传到图书馆网站上，实际上并没能充分结合互联网和现代信息技术的优点，无法体现网上教育的互动性、灵活性和多媒体特性。因此，要提高网上用户教育的质量，除了在教学内容上要适应用户需求以外，还要采用现代信息技术制作教学课件和网络教学主页，直观地演示教学内容，以此加深用户对所学知识的理解，激发用户的学习兴趣和学习动力。

（四）图书馆信息服务

图书馆信息服务是指图书馆利用互联网站点，向读者提供传统信息服务及网络信息服务的活动及方式。图书馆有公共、高校和专业之分，他们的服务对象和服务内容有所侧重，但是网络信息服务内容涉及方面差别不大。高校图书馆信息服务的内容主要包括以下八个方面：

1. 情况介绍

主要包括图书馆情况介绍、服务项目、服务指南、图书馆出版物、动态新闻等。这些一般内容属于图书馆介绍性的信息，在图书馆主页上是不可或缺的，而且会分为很多并列项。这不能说是真正的信息服务的内容，应该是对信息服务的介绍。

2. 网络导航

每一个网站都需要导航，图书馆网站也同样需要导航栏目来引导读者使用信息服务。网络导航一般分为站内导航和站外导航两大类。站内导航是将一个网站视为一个信息资源网络，为用户在站点查找信息提供引导和帮助。最常见的是"网页地图"的形式，按照网站建立时设立的项目框架和层次结构列出整个网站中的资源目录，并且可以随时扩充和修改。站外导航是根据网站的内容特征和用户特点，有选择性地对站点之外的网络资源进行组织，方便用户查找相关信息，常见的是列举网站名并提供链接。

3. 传统服务的信息化

传统的文献检索服务主要是利用卡片、馆藏目录、书目等工具来进行。OPAC 即在线公共查询目录，用户通过网络，可在任何地方对提供 OPAC 服务的文献信息机构的文献信息进行远程检索，在馆藏检索的基础上，还可以通过联机的方式办理预约、借阅、续借等手续，实现馆藏的流通服务。

4.FTP

FTP（File Transfer Protocol）是文件传输协议的简称。在网络环境下，文献信息资源从印刷型向电子型过渡，网外信息资源向网上信息资源过渡。用户登录图书馆网站即可浏览各种信息资源，并可通过电子邮件等方式获取所需文献信息资源，如电子书、电子期刊等。用户还可以使用 FTP 服务器上传或下载各种文献。

5. 交互信息

主要是图书馆的公告和图书馆与用户的交互。一般使用的形式有 FAQ、BBS、电子邮件等，这些是图书馆与用户交流的重要方式，是实时或非实时的。

6. 网络课堂

高校依托自身资源，提供课程的总体框架、电子资源、讲课视频等，让用户远程登录网络课堂，学习系统知识。主要是针对社会上的远程学习者。一般有电子课程下载、在线课堂、热点问题讨论等。

7. 检索查询

这是高校图书馆提供信息服务的主要形式，其中包括在线书目查询、期刊目次查询、文献检索、数据库检索、国际联机检索、光盘检索等。数据库建设是高校图书馆一直重视的，除了提供联机订购的或获得使用许可的商业数据库供用户检索外，如中国学术期刊网络数据库、方正数据资源、中国资讯行数据库、EBSCO、IEEE/IEE 等，不少有实力的图书馆还建有特色数据库，一般有学科性特色、地域性特色、历史资源特色等。

8. 社会服务

高校图书馆依托自身丰富的资源，通过网络向社会公众提供信息服务，并且联合其他社会机构开展合作项目，目的是服务于大众，同时提高社会公众的信息意识和信息素养。常见的形式有网络培训、网上展览等，还有针对特定人群开展的活动。

每个时代都有其信息服务的特点，这是由其所处时代的经济、科技信息、通信及文化传播等因素所决定的。传统的信息服务，那种单纯的、仅限于借阅还纸质书籍的传统的图书馆工作流程，很难将其与真正的"信息服务"联想在一起。在过去那个信息缺乏及传播渠道单一的年代，很难有什么服务模式可以提出。21 世纪初，计算机和管理信息系统的普及，图书馆的信息服务走上了模式化的道路，出现了很多具有借鉴意义的新方法和新思路，也形成了数个较为大众认可的模式，全媒体概念的出现，更为信息服务模式的发展埋下了伏笔。

二、信息服务手段

当今传统的印刷媒介、纸质媒介逐步被电子媒介、数字媒介等新媒介所取代，随之而来的便是信息传递方式的改变，信息传递方式从单向的、被动的转变为双向的、互动的，信息传递的延迟时间差越来越趋近于零。从信息传递的效率来看，传统媒体时代，信息传递的数量有限，并且信息传递的速度滞后；在新媒体时代，信息传递的数量急剧膨胀，信息传递速度大大加快。从信息传递的受众来看，传统媒体时代，受众由于沟通限制、知识面相对狭窄等局限，受众的参与意识薄弱，因而市场感知能力较弱；而在新媒体时代，受众的参与意识越来越强烈，其沟通能力加强，知识面也得到拓宽，因而其市场感知能力也得到强化。全媒体有效结合了传统媒体与新媒体的优势，并加以优化，使其在最大限度上将信息传递做到最好。

1. 移动通信

移动通信作为全媒体时代的重要产物之一，在信息传递领域发挥的重要作用不言而喻。移动通信使得数字图书馆的使用范围扩大、地点和时间不受限制，信息用户可以利用手机短信、网页、虚拟参考平台、博客、微博等方式与图书馆工作人员进行实时互动交流，查询图书馆相关信息等。同时随时随地掌握图书馆的动态信息。

2. 数字电视

数字电视是利用数字化传播手段为用户带来集高品质图像、特色化服务于一身的数字电视频道服务。数字电视使电视节目的选择度更宽、内容更丰富多彩，可以自主地选择频道，并随时根据用户的不同需求更换节目。如果"电视机"能够在三网融合时代接入互联网的数字图书馆，则可以满足更多社会人群的信息服务需求，扩宽图书馆信息服务的深度和广度。同时可以改变我国城乡由于地区经济发展不平衡导致的文化传播不平衡状况，防止信息鸿沟的出现。

3. 互联网

互联网的发展，改变了图书馆的内涵和外延，使原来封闭型的传统图书馆逐步开放化，而数字图书馆的传输网络是多种接入方式、多种承载方式融合在一起的，实现了无缝接入，读者无论何时何地都能通过合适的方式获得永久在线的宽带服务，存取所需信息。在这个平台上微信、微博、QQ 等各种网络媒介百花齐放。

三、信息服务模式

全媒体环境下，传统的信息服务工作方式已远远不能满足用户需要，对图书馆信息服务模式的改善也势在必行。信息服务模式与信息服务有着紧密联系，其概念有广义与狭义之分，狭义的信息服务模式是指图书馆根据用户需求，通过充实服务内容、改善服务方式、扩展服务平台、提升服务效率等一系列措施来改善信息服务的方式和内容等，从而满足用户需要；广义的信息服务模式则是指将各种信息服务进行有效结合，以各种服务形式向用户提供各种信息服务的过程，最终满足用户需要。

当前图书馆的信息服务模式大致可分为以下几类：从服务对象来区分，主要有纸质文献借阅服务模式和数字资源服务模式；从服务方式来划分，主要有传统的馆藏借阅服务模式、数字化服务模式、个性化服务模式；按照服务平台划分，主要有馆藏服务、计算机在线服务及移动个性化服务；从服务效果看，经历了单纯的无反馈服务、被动反馈服务、主动推送及反馈服务三个阶段。

综上，全媒体时代的到来，为图书馆的发展注入了新的活力。它改变了文献资源的传统管理方式，扩大了数字图书馆的服务范围，使图书馆的服务内容更加规范化、个性化，服务形式也更加多样化。在全媒体时代背景下，知识交流无论是基于实体图书馆，还是虚拟图书馆，都可根据其对象和方向分为两大类：一种是单向的知识交流方式，另一种是多向的知识交流方式。

（一）单个数字图书馆联合的信息服务

单个的数字图书馆信息服务，顾名思义就是对单个图书馆建立数字图书馆，并进行信息服务。单个数字图书馆针对单个图书馆进行研究，发挥本图书馆的特色，为用户提供更好的信息服务。单个数字图书馆的信息服务模式主要有四种：基于网络的数字图书馆信息服务、基于网格的数字图书馆信息服务、基于共性需求的数字图书馆信息服务和基于知识增值的数字图书馆信息服务。

1.基于网络的数字图书馆信息服务

传统的数字图书馆的服务对象相对固定，这种固定的读者群的形成与读者的年龄、性别、兴趣爱好、教育背景、知识结构、阅读习惯等有关。他们处于相对固定的文化背景中，他们对信息需求、阅读方式的选择等都有着相似性。但是随着网络技术、社交网络、数字图书馆联盟等出现，改变了用户获取信息的需求和方式。数字图书馆时代能实现在有网络和访问权限的情况下随时随地获取数字图书馆的信息资源，由于不受读者亲自去图书馆获取信息资源的限制，只要会上网的人都可以成为数字图书馆信息服务的对象。

互联网的普及使得数字图书馆的信息资源不再是图书馆单独使用，为自己本馆服务，而是共享数字信息资源。通过网络实现图书馆的信息集交换，再对数据进行整合形成一个全新的开放式的网络服务系统。数字图书馆的信息服务离不开网络，网络为数字化信息的高效、高速流通奠定了基础。数字图书馆信息服务不仅包括书目的在线阅读与下载，电子文献的阅读，图书馆动态信息的浏览、查询、评价，而且还可以预测用户的信息需求为用户提供定制化的个性服务。

数字图书馆的网络服务模式有两种：被动服务和主动服务。被动的信息服务模式是以馆员为中心的信息服务，这种服务模式是一种以图书馆的馆员（信息服务人员）为中心，并不是将用户的信息需求放在首位，用户对信息的获取完全取决于信息服务人员（馆员），只能对所提供的信息被动地接受。这种服务是为了从图书馆内部改革来提高效率，没有考虑到服务的质量。

主动式信息服务是根据用户的信息需求来提供的信息服务，是以用户为中心来提供信息服务，主要实现用户信息服务的个性化信息服务。用户对信息服务的评价取决于信息提供者是否能够提供用户所需要的信息和获取这种信息的难易程度。主动式信息服务可以加强在这两方面的研究来提高用户对数字化图书馆信息服务的满意度。

2. 基于网格的数字图书馆信息服务

由于技术和用户需求的发展，数字图书馆的信息服务趋向智能化、个性化。为了实现数字图书馆信息服务的这个功能，必须解决数字信息资源中数据的异构性、分布性和自治性的问题。异构性主要表现在三个方面：平台异构、信息源异构、语义异构。平台异构主要是由数字图书馆有多种硬件设备、数据库系统、操作系统等形成的。信息源异构来自数据源本身的结构的不同。语义异构体现在一个词语表示多个含义或一个含义可以用多个词语表示。分布性是相对信息资源本身来说的，因为数字化信息存储在不同的数据库和虚拟存储设备中。自治性是指每个图书馆在馆藏资源和提供服务方面都有自主权，并不是统一的。基于网格的数字图书馆可以对数字图书馆的资源进行整合，实现资源共享，这样就可以解决上述数字图书馆信息服务过程中出现的问题。

网格是一种信息社会的网络基础设施，它将网络上所有的信息资源，即偶结构化数据、半结构化数据和小结构化数据组成的各种数据库的信息资源实现互联互通，使各种信息资源实现无缝连接，构建出一个全球化的信息资源库和信息处理平台。用户可以实现全天候、随地获取信息服务。

基于网格的数字图书馆信息服务的特点是用户只需一次登录就可以访问存在在不同数据库的信息资源，信息资源的共享解决了数据的重复和冗余，形成统一的数据类型，通过对共享的信息深度挖掘出用户的信息需求，应对实行信息推送服务。基于智能化的检索并对检索的结果进行优化，提供按用户信息需求的知识服务。基于网格的数字图书中的信息资源不是静态地存储而是不断更新变化的。

3. 基于共性需求的数字图书馆服务模式

数字图书的信息资源包括数字化馆藏资源和用户信息资源，对于这些信息资源是基于OPAC(Online Public Access Catalogue) 的资源整合方式进行集成的。通过 OPAC 系统可以实现不同类型、不同载体、本地资源与远程资源的整合和集成。数字图书馆的馆藏信息资源包括图书、期刊、报纸、声像资料、电子期刊等，对这些信息资源进行集成比较容易，因为它们大多数是结构化的数据。用户信息资源相对复杂,用户信息资源包括用户的年龄、性别、爱好、教育背景、知识结构、用户的检索习惯等，这些信息大多是半结构化数据和非结构化的数据。

数字图书馆馆藏信息通过 OPAC 系统对数字图书馆的馆藏信息资源进行整合集成形成电子期刊整合和统一的检索平台。电子期刊资源整合是指对全部数据库的全文期刊按照学科、主题、作者等进行资源整合，为用户提供数据来源库、刊名、主题词，快速检索电子期刊的服务，用户通过这种方式能对电子期刊信息有全面的了解。统一的检索平台是指用户不再需要对每个数据库进行登录访问，而是通过一次登录就可以检索到不同数据库的信息资源，真正实现不同数据库之间的无缝连接，这样避免了用户同时登录不同数据库和检索结果的重复，节省大量时间和精力。

面向用户个性化需求的对口服务包括专业知识门户站点和网络学科资源导航。专业知识门户站点就是满足重大科研项目、科研课题、优势学科的需求。将有关这些方面的纸质版文献数字化，对不同的数据源、不同的数据结构、不同的数据库的数据、不同专业的数字资源进行采集、整合、分析、重组、去重，按照知识整体性和关联性对信息资源进行聚合形成专业知识资源系统。用户进入知识资源系统中就能获取自己所需要的信息资源，这种服务面向的是专业主题的信息增值服务。网络学科资源导航是面向用户的学科信息需求按学科对数字化信息资源进行采集、分类、处理、整合、分析、解释等形成整体有序的学科知识体系，用户可以通过这种知识的相关性联系检索出所需要的信息资源。通过网络学科资源导航服务，用户可以通过最短的时间搜索到全面的网络资源。不同的用户对数字信息资源的需求不同，通过专业知识学习平台对图书、视频、音频、文本等信息资源进行去重整合，为用户提供自主学习资源环境，以便满足不同用户的信息需求。

4.基于知识增值的数字图书馆信息服务

数字图书馆是通过一系列技术来满足用户的信息需求。基于知识增值的数字图书馆信息服务包括在线参考咨询服务、远程教育、个性化信息定制推送服务和专业教学产业园。

在线参考咨询服务是数字图书馆信息服务的重要组成部分。通过参考咨询服务系统，图书馆员、专家与用户直接交流，更好地理解用户的信息需求，并快速及时地回答用户提出的问题，通过这种及时快速的信息交流和反馈，建立面向问题解决的信息服务。

远程教育是通过计算机网络技术、通信技术、多媒体技术和现代教学方法进行的信息服务活动，它将不同地域的馆员、教师、专家、学生和教学系统连接起来，用户根据个人的学习方式进行人际交互协作学习或进入虚拟教室学习。让用户获取信息不再受时间、地点、学习方式的限制，真正实现人机交互的信息服务。

个性化信息定制推送服务是以用户为中心的信息服务。这种信息服务是建立在对用户的信息的挖掘和分析的基础上，用户的信息包括用户的基本信息，如性别、年龄、教育背景、知识结构、兴趣爱好和行为信息，如检索工具的使用，经常搜索的网站等信息，实现用户个性化信息推送服务。这就需要分散在某个领域或者相关的几个领域的知识以主题为标准对知识进行分类、整合、集成。在个性化定制服务中根据特定的用户信息需求，可以为用户提供定制的 Web 浏览页面、信息频道或信息栏目；也可按照特定用户预先选定的知识门类、学科专业、信息内容等信息需求方向，采用智能软件和人工干预相结合的方法，快速组织与定制检索式，把有针对性、专业性信息资源定时发送给特定的用户。

专业教学产业园是高校图书馆的特色文献资源，主要面向高校师生的信息资源个性化需求，将科研信息、教学信息和数字化资源信息整合在一起，把教学实施过程中产生的信息资源和图书馆的数字化信息资源进行集成，展现出高校数字图书馆参与教学、跟踪教学、服务教学的作用。用户登录后通过导航获取教学参考资源、中外文电子期刊资源、电子图书资源及网络相关的学科站点资源。用户还可以根据个人的兴趣和需求实现专业期刊的定制、特定期刊的定制、电子图书的定制和中外文数据库中期刊论文的定制。系统会自动将实时更新的动态信息通过 Web 技术提供给用户浏览，并通过电子邮件进行推送。中文期刊论文定制是系统基于对用户的信息进行挖掘，分析出用户的个性化信息需求，为用户提供定制表单，通过在线资源管理系统或个人电子邮件推送到用户的手中。

（二）多个数字图书馆联合的信息服务

数字图书馆可以由不同地区，甚至是不同国家的图书馆共同参与，对这种由多个图书馆构建的数字图书馆，对数据处理，存储的数字化资源，提供服务的内容和方式等都不同，而数字图书馆是通过数据集之间的交换来实现最大化的资源共享，满足用户的信息需求。为了能真正实现数字图书馆的这种功能，面向多个数字图书馆的信息服务的模式包括：数字图书馆联盟、联邦检索服务和制定规范化的标准。

1. 数字图书馆联盟

数字图书馆联盟是在信息数据急剧增长，适应数字化社会发展的要求和满足用户个性化的信息服务的基础上产生的。以自愿原则和契约为基础的数字图书馆联盟对数字信息采集、存储、分析、检索、管理等一系列业务进行操作，满足用户不受时间、空间、地域限制来检索信息的同时，还通过资源共享来降低各个图书馆的运营成本，提高图书馆的整体效率。

随着计算机技术、互联网技术的飞速发展，图书馆的外部环境和内部需求已经发生了很大的变化。外部环境主要从物理空间和具体的组织结构来进行改变，数字图书馆是将数字信息存储在虚拟空间上，而数字图书馆联盟将这些数字图书馆信息资源组织和整合在一起，实现信息最大化的共享，这样用户可以进行 7×24 小时信息服务。内部环境主要是在数字图书馆内部通过各种系统实现无缝连接，使数字信息资源的发现、采集、整合、集成、分析、检索更加智能化，用户可以通过已经加入数字图书馆联盟的任何一个子图书馆的用户界面输入检索式进行检索，数字图书馆通过查询器将检索式分解成多个子检索，利用智能化的检索技术对不同的数据库、知识库和系统进行遍历查询，将查询的结果通过数据处理技术进行去重、去除冗余、排序等的整合，将处理好的数据通过统一的输出平台反馈给用户。

2. 联邦检索服务

数字图书馆是面向用户来提供服务的，用户在使用数字图书馆系统时最想要的是检索到自己所需要的信息资源。我们知道单个的数字图书馆收藏的数字化信息资源毕竟是有限的，而且很多数字图书馆收集的数字信息资源会有重复，这样不仅增加了各个图书馆的成本，而且不利于信息资源的共享，不能最大化地满足用户信息的查全率。在多个单个数字图书馆构成的数字图书馆中在检索上需要使用联邦检索服务。

近年来，数字化资源的快速发展，促进了检索工具的发展，使用户的检索方式更加方便、快捷，查全率和查准率也得到了很大的提高。当用户信息满足后又会产生新的信息需求，这些新的信息需求又促进数字图书馆为其提供信息服务。用户信息需求和数字图书馆为用户提供的信息资源之间的良性循环为数字图书馆联邦检索奠定了基础。据不完全统计，各大高校的数据库都在不断增多，尤其是一些 211 工程学院的数据库超过 200 个。如此多的数据库存储着大量的信息资源，一方面这些信息资源能够满足用户的信息需求，另一方面由于没有对数据库制定统一的标准，每个数据库在数据结构、存储方式、检索方式等方面都存在很大的差异，并且各个数字图书馆存储的信息会有重复，这对用户的检索速度有很大的影响，因为用户为了寻找到所需的信息不得不多次登录不同数据库中进行检索。为了提高查全率和查准率，用户要去了解每个数据库的特点，包括数据源的构成、数据结构、检索方式等，这样用户需要花更多的时间和精力学习数据库的使用指南。即使是这样用户还是会遗漏很多信息和检索到很多重复的信息。基于这个问题，用什么方法将这些来自不同类型、不同格式、不同结构的数字资源整合在一起实现资源共享，并将这些重复的信息进行处理，为用户提供集成检索服务，成为数字图书馆信息服务的一个重要研究主题。

资源联邦检索是一个面向资源的统一检索系统。它的原理是用户在一个查询界面下输入检索式，可以得到来自不同数据库的数据。它的实质就是要对多个数字图书馆的信息资源进行资源共享，为用户提供更快捷方便的信息检索服务。

大数据时代数字化的信息资源会越来越多，这些数据中不仅包括结构化信息，如书目信息、目录信息、索引信息，而且还包括半结构化和非结构化信息，如用户的年龄、性别、兴趣爱好、教育背景知识结构、常用的检索方式、用户对检索结构的评价等。大数据技术的发展为数字图书馆的信息服务提供便利。

大数据环境下，改变了数字图书馆的数字化信息的采集、信息的组织、信息的集成、信息的分析、信息的解释的方式。数字图书馆利用各种技术对网上的信息资源进行处理，将处理后的数据整合在一起形成数据仓库，通过查找数据仓库检索信息资源来满足用户的个性化信息需求。大数据通过对数据进行处理可以达到数字图书馆的目标，将大数据技术引进数字图书馆中进行信息服务是大势所趋。

3. 制定规范化标准

俗话说没有规矩不成方圆，为了让多个数字图书馆组成的数字图书馆系统能正常运转需要制定标准。单个数字图书馆本身就是一个复杂的数字信息系统，再由多个这种复杂的信息系统组合成一个数字图书馆系统，为了让这个系统更好地服务用户，实现用户获取信息更便利、可持续操作和各种软硬件之间的兼容必须制定标准。用指定的标准来约束各个图书馆，让他们在对数字化信息资源的处理方式、软硬件的配置上尽量达到一致，实现信息资源的共享。在大数据时代对数据的处理需要标准，这样才能对大量数据及时处理挖掘出其价值，更好地服务用户。

四、图书馆信息服务的作用

（一）文献传递功能

文献传递是人类社会知识交流的重要途径之一。图书馆以文献为对象，向用户提供知识信息，直接目的是通过文献传递和交流，把知识和信息传递给用户。

文献信息服务处于中介地位，是文献信息的汇集点，又是文献信息的发送源。文献信息服务是通过两方面来进行交流的：一是纵向交流，是通过文献信息的保存而实现的，把不同时代的知识延续并连接起来；二是横向交流，是通过文献信息的人际交流，把不同地区凝聚人类知识的文献，在更大的空间范围连接起来。

文献传递模块包含了两种文献传递方式：传统的图书馆与用户之间的传递、用户与用户之间的传递。

1. 图书馆与用户之间传递的方式

这是目前高校图书馆所普遍采取的方式。图书馆管理员在发现用户的文献传递请求以后，分析该请求，审核用户的身份及权限（影响传递费用与传递方式），然后对该文献传递请求进行处理，查找并获取正确的文献资料，然后通过邮寄、传真、E-mail 等灵活的方式传递给所需用户。当然，用户要给图书馆支付一定的费用，如文献检索费用、文献传递费用、打印费用等，可以直接用网上银行进行支付，也可以直接通过邮局给图书馆邮寄费用。

2. 用户与用户之间传递的方式

在 Web2.0 理念的影响下，高校图书馆的文献传递服务引进了用户的参与，实现了"零费用"的文献传递。这时的用户就应该分成三类：需求用户、供给用户、管理员用户。当需求用户发出文献传递请求以后，供给用户查看传递请求，然后将自己所有的正确资源上传给系统服务器（在这里设置一种自动转发服务器）；该自动转发服务器对上传的文献资源进行备份，等待图书馆管理员的处理，同时可自动地、及时地将该资源传递到需求用户。这样就可以间接地实现用户与用户之间的文献资源传递。

这一模块是"用户参与"理念核心的集中体现。为了实现其功能，在系统中增加设置了一个自动转发的服务器，可以对用户传递的文献进行备份，并且可自动转发到需求用户邮箱中。

当供给用户将正确的文献资料传递到服务器以后，该服务器将自动记录这一信息，包含了需求用户的必要信息（如用户身份、联系方式、E-mail 等）、供给用户的必要信息（如用户身份、联系方式、E-mail 等）、所传递的文献资源的信息（如标题、关键字、作者、年份等）、时间信息等，这样有利于图书馆服务器对该操作进行更合理的处理，如转发、编目等。同时，该服务器可以对其自动转发，发送到需求用户的邮箱服务器中，完成文献传递的任务。

考虑到如上几方面原因，分为三个流程处理，以提高用户的体验：

（1）用户上传备份文献资料的同时向相应需求者转发，涉及两次大的网络远程传输，首先用户需要将文献资料上传到服务器，其次服务器需要将相应文献传输到需求用户的邮件服务器。如果传输文献过大或者需求者数量较多，用户所进行的上传操作需要等待相当长的时间，很大程度上影响了用户的体验。

（2）将上传文件自动备份与向需求用户提供文献资料的操作分开，这样可以更好地扩展，如可以设置向需求者提供文献的时间，可以避开网络高峰，而且可以大大缩短用户上传的响应时间。

（3）系统向需求用户提供服务器上的备份文献浏览，同时提供订阅功能，此时只需要生成一条由资源所有者审核的下发记录。如果通过审核，只需要将状态改为可发送即可，大大减少了编程量，更加独立的模块也便于业务流程的修改。

（二）信息交流与共享

网络环境下的图书馆，借助计算机技术逐步实现图书馆用户、图书馆及专家之间的双向及多向交流互动。依托网络，图书馆用户也可以直接看到当前的借阅情况，网上实现图书的预约、续借、书目查询及图书推荐等，实现用户与图书馆及时便捷的交流。除此之外，图书馆网站还开设不同的交流平台，例如常见的电话和邮件交流，有的图书馆网站有即时信息发送平台，实现实时交互。随着图书馆员素质的不断提高和满足用户的需求，高校图书馆陆续开设学科馆员制度，对用户的专业信息需求提供帮助和指导，而需求用户有专业问题需要与学科馆员探讨时，可以通过网站提前预约，实现用户与学科馆员的面对面交流。

现在图书馆大都加快了电子资料库建设，把本地区的印刷信息转换成电子文本，通过联网传给个人用户，这使用户安坐家中便能查到资料。一些图书馆还加强了馆际间的联系，读者可以通过馆中的计算机，查到千里之外另一图书馆中的节目。互联网等新技术的出现使图书馆的传统性质发生了改变，图书馆成了一种更加面向大众的新型信息中介机构，而不是少数学者皓首穷经或供人单纯消遣的场所。图书馆通过互联网与全球的信息社会联系起来，其核心价值由信息的流动性及共享性表现出来，而不是传统的馆藏。

（三）电子资源服务

电子资源的提供是图书馆信息服务的主要服务方式。图书馆网站可以提供的电子资源一般包括中文数据库（如中国期刊网、超星数字图书馆等）、英文数据库、专题数据库、电子资源导航、光盘数据库检索等。一般来说图书馆所能提供的电子资源丰富程度和其经费来源有紧密关系，经费充足的图书馆所购买的商用数据库数量较多，且多为全文数据库。

此外，图书馆还要考虑建立特色的电子资源，尤其是利用馆藏建立"人无我有"特色数据库并提供查询，这里的特色可以是地域性、历史性、人文性或专业性等。如公共图书馆在地方文献的利用方面具有独特优势，可以建立地域性特色文献数据库以供查询。某些高校图书馆则可以依据自身的学科优势，建立某一学科的专业性数据库。

（四）信息导航

20世纪70年代以来，人类知识的总量以每年8%的速率增长，而进入80年代后，每隔3年就翻一番。现在，全世界每年发表的科学论文大约500万篇，平均35秒一篇，学术杂志已超过10万种（定期刊物35000多种），图书70万种，不到一分钟就有一本新书问世，每小时出现近20项技术发明，科技信息每年增加30%~40%。知识的增长已远远超过了人们所能掌握和利用的限度。奈斯比特在《大趋势》中写道"我们被信息的海洋所淹没，却因缺乏知识而饥渴"。

因而，图书馆作为文献信息的收藏库，在当好提供者的同时，还要充当信息导航员的角色，为用户指引网络信息源，在信息资源的搜索、分析、整合和利用方面进行引导。图书馆可以为书刊资料制作检索工具，编制一些网上导读系统，指导用户利用各种文献信息资源，为网上资源编制索引，从而提高人们获取有价值的信息的能力。

（五）用户教育与社会服务

图书馆有着丰富的馆藏资源，整洁幽雅、宁静平和的阅览环境，现代化的计算机管理方式以及合理的开放时间和全开放的服务，足以使用户在这令人神往的知识海洋里自由遨游。图书馆还可以通过网络教会用户掌握一些寻找和搜集资料的基本技能，可以通过讲座和阅读指导课的形式向用户分段或系统介绍图书情报知识，如图书分类的知识、文献检索的方法、工具书的使用以及目录体系和馆藏结构等，使之具有使用文献资源的能力，从而引导用户养成利用图书馆的观念，使图书馆真正成为他们学习生活的重要组成部分。

图书馆依靠自身丰富的馆藏资源和便捷的网络资源，可以面向社会服务，为公众提供信息服务的同时，又给自身提供了发展契机。社会化信息服务使图书馆能直接接触社会，了解社会需求，既可以保障服务的针对性和实用性，又能避免信息生产开发与现实需求脱节的盲目服务。社会化信息服务无疑能提高图书馆的知名度，同时也提高了图书馆的地位和影响力。它为馆员接触社会提供了机会，锻炼了馆员的社会能力和公关能力，强化了馆员的信息服务意识，进一步激发馆员的参与意识、成就感和责任心，增强对图书馆事业的热爱，有利于队伍稳定。在提供有偿信息服务的同时，图书馆本身也取得了一定的经济效益，这是图书馆寻求"自我调节、自我完善、门我发展"途径之所在，是为了实实在在为自己争取生存和发展的地位，从单纯讲求社会效益向社会效益与经济效益并举的方向发展，逐渐增强自己的造血功能。

第二节　图书馆信息服务的演变过程

图书馆信息服务的演变是一个缓慢变化的过程，这个过程是一个时代信息技术、信息处理、信息传播与信息交流的过程的体现，也是社会开放度的一个体现。信息服务的转变是时代发展的内在要求，也是社会进步的重要标志。

一、图书馆信息服务发展阶段

图书馆信息服务观念随着时代的演变不断发展、完善。我国是具有五千年悠久历史的文明古国，纵观历史，图书馆服务的理念从无到有、从简单到复杂、从机械到科学、从片面到全面主要经历了以下几个发展阶段：

1. "公开藏书"服务观念的萌芽

由于受到封建社会制度的影响和制约，早期的藏书楼将藏书保存起来，作为其工作的主要职能。起初的藏书通常只允许封建统治者使用，平民百姓无从阅览。

到宋朝以后，一些个别藏书者同意平民百姓借阅图书。为了扩大图书的流通范围及传播力度，明末的曹荣在其著作中提出了要用传抄和刊刻的方法促使书籍的传播、流通，但是在当时的社会影响力并不是很大。到了道光年间，出现了以藏书楼为原型的"共读楼"。"共读楼"的作用是可以允许少量读者进入其中进行阅览。其管理者还制定了借阅细则，在细则中规定了开馆时间、借阅数量、管理办法等。这个借阅细则是当代图书馆工作准则的最早形态，也是早期较为完善的借书规则。古代公开藏书的目的是启迪大众的智慧，所以古代信息服务的特点为：第一，服务局限性较大，服务对象仅仅是少数有文化的人，但对平民百姓的服务却十分匮乏；第二，空间局限性较大，阅览范围仅限于室内，室外阅览无从提及；第三，出现了早期借书制度和规则。

2. "面向大众"服务观念产生

在 1901 年至 1905 年期间，书刊借阅活动及有关借阅方面的宣传活动大力开展，其主张扩大读者服务范围，并采取积极热情的服务态度，体现了进步、新潮的服务思想。到 1909 年，《京师图书馆及各省图书馆通行章程》由清政府颁布，它的宗旨是全面开放，供人阅览。五四运动后，革命先驱李大钊提出自己对图书馆的教育职能的理解，他认为图书馆不单单是存放书籍的地方，还是教育人的地方。李大钊提倡将图书馆的藏书进行对外开放，让更多的人享受阅读书籍的快乐。有了先进思想的指导，当时的图书馆服务工作开展迅速，少数图书馆可以不定时地延长开馆的时间，为读者提供更多的阅读空间等。值得一提的是，在当时，有些图书馆还设置了流通代理处等设施和场所，并开展种类繁多的阅读指导活动。读者服务工作随近代图书馆的产生而产生，它的服务工作特点是：第一，服务对象广泛，涉及社会各阶层人员；第二，服务方式由单一化向多样化发展；第三，服务时间延长，服务空间扩大。

3."读者第一"服务观念的形成

1949 年以后，图书馆在服务理念及服务方式上发生了本质性的变化。图书馆逐渐摒弃影响图书馆发展的落后思想，形成了资源共享的服务理念。图书馆服务工作类型日趋多样化，服务范围和服务效率不断扩大和提高，图书馆服务工作发生了前所未有的变化。现代图书馆服务工作表现为：第一，读者成为图书馆服务工作的重心，图书馆已经彻底脱离了"藏书楼"的概念，成为服务大众的文化教育场所和机构；第二，网络信息服务发展日趋完善，有替代普通流通服务之势；第三，服务手段及方式日趋现代化。

二、演变过程

（一）从文献管理转向知识服务

随着计算机和文献信息管理系统的普及，越来越多的图书馆已不再仅仅满足于单纯的文献信息管理，他们更希望为用户提供有价值需要的知识信息服务，采用更现代化的文献信息管理系统，专题服务、一站式信息服务等许多服务方式产生。随之带来的是图书馆工作方式和模式的改变：厚厚的借书卡被一张小小的校园卡或者员工卡取代，从文献的借出到归还统一实行自动化和智能化，使图书馆的办事效率和流程得到了大大的提高和简化。但是计算机辅助系统的存在仅仅是解决了文献管理的弊端，却不能使核心的知识传播与流通得到质的变化，于是知识服务便出现了。知识服务是文献管理的升华，文献管理侧重于物理文献的排序与整合，知识服务则是对抽象知识的提炼与传播。现阶段图书馆关于知识服务开展的最典型的事例就是参考咨询，随之深化扩展出来的，便是图书馆的专题服务、定题服务、检索型服务等，这些都是知识服务的具体表现形式。知识服务是高校图书馆信息服务发展的必然走向，而且，现有的知识服务也越来越多地借助于计算机信息系统的运行。更重要的是，这种知识服务的理念由高校图书馆传播开来，得到社会主流意识的认可，在公共图书馆、私立图书馆、科研院所等，有关知识服务的应用随处可见。

（二）从被动型服务转向主动型服务

传统的"你问我答、你不问我不理"的被动型服务显然已不能为用户所接受，图书馆正在打破旧有的等待用户上门的服务方式和单一、僵化、封闭的服务模式，采取开放型服务，主动为用户提供多种类、多渠道的信息资源。从历史上来说，传统的图书馆文献信息服务主要依靠大量的文献资源，而且由于物理文献资源本身的限制，图书馆员在信息服务的方式上也是比较单一的。现代计算机和文献信息管理系统的综合应用使得图书馆员的工作重心，由收集大量文献资源转移到了筛选文献并编目做成可检索书目供检索使用上面来。对于高校图书馆，由于网络的普及和应用，图书馆作为师生外部信息获取渠道的作用被大大削弱了，因此高校图书馆开始了服务的转型，由传统的被动提供书目信息和检索信息转向主动推送的方式。

最为我们所熟知的主动服务就是图书馆主页的新书推荐栏目，图书馆通过醒目的新书推荐，包括了作者、摘要、简介等书目信息，可便于读者选择，省去了自己翻阅的麻烦。在很多高校，图书馆在采购书目的时候会向学校师生发布推荐信息，设有读者"推荐购买"一栏，真正做到按照实际的需求购买最合适的书目，这无不体现了现代高校图书馆的积极主动型服务的态势。更有甚者，地区高校之间组织图书馆联盟，实现地区间书目信息的共建共享，这也是现阶段高校图书馆发展的一个大方向。

（三）从单一型服务转向多样型服务

传统的图书馆信息服务主要是指计算机时代前的服务方式，例如我们所熟知的卡片目录等，传统的图书馆信息服务的模式是单一的，无非是物理书籍的借阅归还活动、简单的参考咨询服务，像类似检索查重、科技查新之类的活动在当时看来所要耗费的人力物力是无法想象的。

全媒体环境下，图书馆正试图打破原有的单一型服务，努力向多样型服务方向拓展。全媒体的具体表现形式是丰富多彩的，具体到图书馆来说，我们所熟知的主要有移动通信、数字电视、互联网等，甚至包括更先进的一些设施，如刚被推广不久的、被吵得火热的云技术。除了我们所熟知的借助网络的个人检索功能之外，高校图书馆以其专业的学术素养，丰富的高技术教师队伍以及对时下各种功能齐全的检索系统的应用，很快将服务的外延扩展。面向不同层次用户、不同需求，提供分门别类的多样化服务，如信息定制服务、信息推送服务、特色数据库服务等，各种个性化服务层出不穷，既完善了高校图书馆的服务类型，也能更好地为广大师生、研究人员和其他用户服务。除了正常的学术交流及检索外，不少高校还专门设置了专门的参考咨询机构，与企业等主体的紧密合作，使得高校图书馆冲出学校的围墙，开始面向外界发挥自己的余力。高校图书馆服务模式的多样性，是高校图书馆适应时代发展的必然方向。

（四）从公益型服务转向有偿服务与无偿服务相结合

众所周知，图书馆的经费基本都是财政拨款，传统的公益型服务使得图书馆没有斗志没有生气，经费紧张的问题一直存在，归根到底是图书馆的公益性质所致，无论是公共图书馆，还是高校图书馆，其员工的付出与收入均不被看好，这也是图书馆一直发展缓慢的原因。如今图书馆为发展引进了大批先进的自动化查询设备，每年的购书经费更是占了财政拨款的很大一部分，对地方财政支出也造成了极大的压力，而图书馆占据了丰富的资源，却难以为自己的生存发展做出贡献。

本着服务于教学又能充分发挥自己优势的原则，高校图书馆开始了自己的发展步伐。全媒体环境下，高校图书馆可以尝试面向部分用户、部分内容提供有偿服务，将无偿服务与有偿服务相结合。面向企业、机构、公共部门等，针对部分服务，如文献检索、科技查新、集成服务、特色数据库服务等项目可以适当收费，既可以调动馆员的工作积极性，也可以弥补图书馆本身的经费不足情况。在现阶段高校图书馆的构建中，几乎所有的高校图书馆都设立了参考咨询部，其中均有科技查新与检索服务，相对低廉的收费使得学生和教师都能接受，便捷的服务和优势的资源使图书馆大放异彩。再如图书馆的馆际互借服务，实际上仅仅是将若干个图书馆的文献信息资源进行整合发布，但却带来了"1+1 > 2"的效果。高校图书馆的公益性有偿服务是提升高校图书馆整体形象的最佳措施，实现了社会效益和经济效益的有效整合。

第四章 大数据对高校图书馆信息服务的影响

第一节 咨询服务

图书馆信息种类多，一般包含了结构化数据、半结构化数据和非结构化数据三种数据类型。结构化数据指的是图书馆各种类型的电子资源；半结构化数据是指图书馆博客、微博、留言簿、BBS等用户咨询借阅时产生的大量数据。非结构化数据是指用户在线咨询、浏览网页记录、搜索方式、行为痕迹、存储和下载信息行为时出现的各种视频和语音。同时，随着智能手机的普及，人们可以随时随地的从手机、电脑等设备中获取自己的个人信息、浏览信息等，这也能产生不同的数据，这所有的数据便组成了图书馆信息咨询服务的大数据。这些数据每一天都在不断地增加，随着数据爆炸式的增加，给图书馆的信息咨询服务带来巨大的影响。

一、数据存储

由于文件、图片、音频、视频等数据的不断增长，造成了知识库严重超载，因此对信息资源的有效管理便成为大数据时代主要需要解决的问题。

对大数据的管理还存在许多问题，首先，目前的信息咨询服务存储很难解决大数据的性能共享问题，原因是大数据结构太复杂，其中包含了结构化数据、半结构化数据和非结构化数据三种数据类型，想要对这些数据存储和共享都非常困难。其次，由于数据量急剧增大，网络传输性能同样也会受到影响，采取怎样的措施来对文件进行管理和保护都是需要解决的问题。网络是一个开放的环境，信息安全随时都受到威胁，信息污染、盗窃经常发生，因此对信息资源的保护是完成信息资源服务的基础。最后，长期积累下来的数据难免会存在很多重复的文件，它们所占的存储空间就造成了资源的浪费。因此大数据时代首先要解决的就是数据存储问题。

依据对图书馆业务和存储技术的深刻理解，提出对数字图书馆存储解决方案，满足海量数据存储、关键数据备份以及应用系统的保护和恢复等需求。

1.数据集中存储

根据图书馆服务器众多，存储需求大的特点，应采用高性能、大容量、易管理的磁盘阵列作为核心存储设备，搭建基于 FC 或者 IP 的存储区域网络（SAV），实现了数据的集中管理。

存储设备一般都具备可插拔的主机接口模块，能够灵活的实现 FC、IP 或者二者的混合组网。同时，通过采用新的硬件技术，极大地提高了存储设备的处理性能，满足各种业务系统高速读取需求。

针对服务器虚拟化应用的要求，存储设备应有针对性地进行开发，能够满足多种主流虚拟化平台的管理要求，很好地适用于 Hyper-V、XEN 等虚拟化应用环境。针对大容量 SATA 磁盘在图书馆的广泛应用，存储设备应内置 CRAID 技术，也就是将传统的以磁盘为单位的 RAID 改变为以 CELL（数据块）为单位的 RAID 技术。能够极大地提高 RAID 的重建速度，保证系统数据安全。

2.业务数据的快速备份

针对图书馆管理系统和自建资源等重要的业务数据，采用第三方的备份软件，配合存储系统实现磁盘到磁盘备份。

"磁带机 + 备份软件"是目前图书馆较为常用的备份架构，而这个架构在面对海量数据的备份需求时，已经显得捉襟见肘。磁带备份所需的时间变得越来越长，使备份操作无法在高峰时段完成，进而影响了生产应用程序的正常运行，以至于备份成为信息管理员们的噩梦。

磁盘到磁盘的备份正是理想地解决备份难题的方案之一，也就是采用磁盘作为备份的介质。由于磁盘本身的性能优于磁带，在采用 RAID 技术之后，还可以将读写数据流同时分布到多个磁盘上，用户得到的就是一个磁盘组的性能。因此，磁盘到磁盘的备份方案大大提高了备份和恢复的速度。

磁盘是密闭的电子设备，其本身的可靠性就大大高于磁带。在取消了机械手、磁带机等机械设备后，磁盘到磁盘备份的可靠性得到了进一步的加强。磁盘 RAID 技术的采用，在提高读写性能的同时，也保证了备份数据的安全性。所以，磁盘到磁盘备份有效解决了磁带备份在可靠性和性能方面的固有问题。

采用开放的、符合国际标准的 FC 或者 IP 的存储区域网络（SAN），减少设备数量，提高空间利用率，统一规划、管理和备份，降低 TCO；采用大容量、低成本的存储设备集中存储数字资源，降低用户的资金压力，确保各种图书资源都能够永久在线；采用先进的 RAID/CRAID 技术对数据进行保护。保证数据安全，提高系统可靠性；结合数字图书馆的海量数据备份需求，提供磁盘到磁盘的备份解决方案，建设完善、快速的数据保护方案。

二、数据处理

随着云计算技术的兴起，解决了部分图书馆信息咨询服务的数据储存和处理问题。但是大数据时代的来临，对数据的存储和处理能力都有很高的要求，一般的技术已经无法满足大数据的处理。因为大数据的数据种类繁多，结构复杂，包含了结构化数据、半结构化数据和非结构化数据，想要用传统的信息咨询系统进行分析和处理已经存在很大的难度，只有不断提升信息咨询技术才能解决大数据的处理问题。目前常用的大数据处理技术有Hadoop 技术、Map Reduce、NO-SQL、云计算、关系型数据库等，这些技术都是大数据时代产生的。图书馆在处理大量信息的时候就可以采用这些技术，为图书馆信息服务做技术支撑。

数据挖掘就是从海量数据资源中挖掘出有用的信息，即从大量的、不完全的、有噪声的、模糊的、随机的实际应用数据中发现隐含的、规律性的、人们事先未知的，但又是潜在有用的并且最终可理解的信息和知识的非平凡过程。数据挖掘的初衷是发现潜在的信息，而不是表面的知识，所以说挖掘出的信息越是出人意料，越有可能有实际应用价值。主要指利用各种分析工具在海量数据中发现模型和数据间关系的过程，通过发现的模型和数据间的关系来对未来进行预测，帮助管理者找出数据间隐含的关联规则。重视曾经忽视的因素，被人们誉为解决当今数据爆炸而信息匮乏的有效办法。实际应用中，常常称数据挖掘为 KDD——数据库中的知识发现。数据挖掘融合了数据库、人工智能、机器学习、统计学等多个领域的技术。数据挖掘最核心技术是数据库、人工智能和数理统计。

图书馆的数字化程度越来越高，通过数据挖掘技术为图书馆服务平台提供技术支持，通过信息的整合，主动发掘各种读者的阅读需求，满足读者的不同想法，有利于信息多元化的发展。每种数据挖掘都有各自的特点和方式，图书馆数据挖掘技术也是如此，整个过程是一个相当复杂的算法处理的过程。这一过程是人机结合、处理循环、逼近目标、知识发现的过程，包括了数据的收集、整理、挖掘等，同时，不是简单的单次模式，而是一个循环迭代的工作模式，也只有这样才可以使其实现最终的要求。

信息数据挖掘的过程首先是数据库的建立。图书信息数据是图书馆信息资源重要保障的关键环节。图书馆每年的文献购置费是有限的。如何利用有限的经费来科学地采集各门学科相关的专业信息，使采集经费最大水平地发挥效益，一直是采访工作的难点。而运用数据挖掘技术可以通过对图书馆的借阅流通记录、检索请求进行分析，分类统计文献拒借集和频繁借阅集，得出信息采集的目标，从而有针对性地补充和丰富信息资源。

用户数据按数据类型可大致分为用户描述类数据、用户需求类数据、用户行为类数据和用户反馈类数据四类。目前，随着数字图书馆的深入发展，图书馆获取用户数据的技术与渠道不断拓宽，主要在数字图书馆服务在过程中获取。数据挖掘在集成、一致、经过清理的数据上才能更好地实现，因此必须对搜集到的图书馆用户数据，进行数据清理、数据变换、数据集成和数据装入等必要的数据处理过程，建立一个整合的、结构化的用户数据仓库，并及时更新。图书馆通过多个渠道获取用户数据。用户借阅资料的数据、网络访问日志等数据、用户反馈信息、用户需求信息等。

根据已有的推荐图书系统以及电子商务领域的个性化商品推荐系统等，很多学者也在着重分析数据的基础上研究个性化推荐算法。此类研究领域的相关算法中应用较为广泛的有层次凝聚算法、用户协作推荐算法、聚类算法以及协同过滤推荐算法等。国内相关学者在基于图书馆借阅数据的基础上为图书推荐提供了模型和方法，针对基于内容过渡的个性化推荐算法的利用领域分类模型上的概率分布表达用户的兴趣模型，还有基于用户近期兴趣视图的个性化推荐系统，从而为用户提供动态的个性化服务。基于用户聚类的方法利用协同过滤的技术，对借阅数据进行了整理、分析和处理，旨在设计并实现个性化图书推荐系统。

Hadoop 是一个由 Apache 基金会开发的分布式系统基础架构，实现了一个分布式文件系统（Hadoop Distributed File System，HDFS），用户可以在不了解分布式底层细节的情况下开发分布式程序，充分利用集群的威力进行高速运算和存储。HDFS 具有高可靠性、高可扩展性及高容错性的特点，并且设计用来部署在低廉的（Lowcost）硬件设备上。同时，它支持以高吞吐量（High Throughput）来访问应用程序的数据，适合那些有着超大数据集的应用程序。2004 年，Google 公司提出的 MapReduee 编程模型，解决了大型分布式计算中的编程模型问题。随后，Apache 基金会根据 MapReduee 编程模型开发出开源的大数据处理框架 Hadoop，在 Yahoo、IBM、百度等公司得到了大量的应用和快速推广。针对图书馆大数据环境特点，基于 Hadoop 技术构建图书馆大数据存储系统，它可满足图书馆对复杂大数据的存储、查询、分析和决策的需求。

三、信息安全

大数据本身就是数据，只要是数据就存在一定的安全问题。如今网络的开放、各种信息资源的共享，都可能存在信息安全问题，例如，图书管理员、用户都存在知识的共享与交互，他们在进行知识共享和交互的时候可能没有注意网络环境是否安全，这样容易造成信息的泄露，对个人信息安全造成威胁。社会各行各业都有自己的知识产权、个人的隐私，因此在信息咨询服务中都可能存在信息安全问题。现在的数据信息安全和过去的数据信息安全问题有很大的区别，人们既想得到数据的开放，又想更大限度地保护自己的隐私，这使得在大数据时代必须让二者相互保护和平衡，共同发展。

综上所述，图书馆为了适应大数据发展，对图书馆信息资源应该有一个调整，通过建立更加完善的大数据架构来保障信息咨询服务的方便性和安全性，从而可以为信息咨询服务打下了坚实的基础。以下是从大数据的采集、存储、处理和应用方面来构建的大数据架构，对数据进行分层处理，大数据的处理能够更好地解决信息咨询服务中的数据存储、数据处理和信息安全问题。

大数据存储安全性，是关系图书馆服务可靠性和读者隐私保护有效的关键问题。首先，图书馆大数据存储系统应保证数据的完整性，确保数据不被截获、监听、窃取、篡改、复制、破坏或丢失。并能够通过图书馆部署的数据安全监控和网络安全监控设备，对与大数据存储相关的数据存储系统、网络传输系统、数据采集系统、数据传输节点和应用软件进行安全监控，及时发现大数据存储面临的安全问题。

其次，应通过用户访问权限授权、限制和特权审核的方式，对访问数据库存储系统的图书馆员工和其他访问者，进行身份与访问权限限制，防止恶意用户通过获取超级权限来访问和侵犯大数据库。

再次，图书馆网络是图书馆大数据存取的载体，如何通过有效检查大数据存储区域网络的安全性和存储安全控制日志（如防火墙、IDS 和用户访问日志等），是及时、准确地发现图书馆大数据存储安全问题的重要步骤。

最后，图书馆如何实现大数据的快速备份、过期敏感数据擦除和数据灾难恢复，也是提升大数据存储系统安全可控性应重点关注的问题。

（一）系统硬件安全与维护

1.图书馆系统控制室正常运行与安全维护保障

作为高校图书馆管理系统设备的放置地方，其中包括管理系统服务器、磁盘阵列、网络交换机、本地电子资源库、电子资源存储等，对设备放置的外部环境要求很高，需要利于散热，防止灰尘落入，为保证各类设备的正常运行提供良好的环境，使其发挥性能稳定性。

另外，设备控制室对电的要求也是很高的，一切设备正常运行的基础就是电源。受现阶段各类主客观因素的影响，比如，外部施工挖断电源、跳闸、限电等，会导致系统出现断电的现象，使得设备不能正常运行，影响图书馆的正常工作。而且突然的断电会对设备造成损害，例如磁盘阵列的损坏、数据丢失等，所以对图书馆提供备用电源是很有必要的，可以采用 UPS 断电智能报警系统，在突然断电时提供报警并及时通电，保证系统的正常运行。另外，机房也需要安装必需设备，防止外部强电、弱电对系统设备的侵害。

2.系统硬件的安全与维护

对高校图书馆系统硬件的日常安全保障与维护工作包括对系统服务及其网络资源的维护，它们能否正常运行关系到图书馆的日常工作需求，因此，对系统硬件进行日常安全保障与维护是至关重要的。

（1）服务器的安全与维护

服务器安置在系统控制室中，它是日常全馆处理数据的核心单元，相应的服务器配置了磁盘阵列、备用电源、大内存等，保证其可以在连续运作状态下的快速、稳定的性能。在对服务器安置的过程中需要和数据库服务器分开放置，并分别对其进行严格的安全管理与管控。

服务器在日常使用过程中，应该采用集群技术，这样可以保证服务器的可能性运行，就是用两台服务器采用双机热备份的模式，这样若一台机器出现问题后，另一台机器可以快速地接替主服务器进行工作。日常也应该对双机服务器进行检查，及早发现问题，发现问题及时解决，保证服务器的稳定性与可靠性。

（2）网络的安全与维护

网络系统是图书馆必不可少的硬件需求，不管是内网还是外网，都是图书馆日常工作、与外界进行正常通信的渠道。在网络系统中要对设备的软故障进行日常的排查，其主要表现为交换机时好时坏的状态、出现丢数据包现象等，这些因素都会造成网络系统的不稳定性，严重时将会导致网络长时间无法正常运行，导致图书馆工作处于半瘫痪状态，对日常的图书借还、图书加工等造成影响。因此在网络系统的建设、维护过程中，需要定期对网络设备进行检查、维修，及时更换有问题设备，也应该充分考虑网络设备所处的环境，选择适宜环境的介质。

图书馆内部核心交换机放置在系统控制室，采用的是双冗余备份方式，保证一台交换机出现故障时，另一台交换机可以无缝接替进行正常工作，平时也需要对交换机进行日常检查，及时发现问题，解决问题，定时对服务器的网络传输状况进行记录、查看。

（二）系统软件的安全与维护

1. 操作系统

高校图书馆管理系统的使用者面向于教师和学生，用户广泛、日常数据量大、业务流程复杂、人员管理权限混杂等，这些对操作系统提出更高的要求。操作系统需要选择安全性能较高的系统，及时关闭和操作系统不相关的应用进程，定时更新系统安全补丁，确保系统安全运行。

2. 图书馆管理系统（数据库）

数据库是高校图书馆管理系统数据存储的核心所在，它的安全性很重要。然而数据库管理系统可以对数据完成有效的存储、分析、查询、删除、增加等基础操作确保数据库的安全存储、合法化访问，可以对数据库设置有效的访问权限，这样需要访问的用户就可通过用户名和口令进行识别，增强了对数据库安全性能的保障。当然，这样的权限访问方式，需要做到对用户权限给予明确的划分，不同的用户具备不同的访问权限，做到权限分配清晰明了。

虽然数据库的安全性得到了有效保障，但是还是会存在一些不可控因素造成的安全隐患，如自然灾害、人为原因、设备损坏等。因此，需要建立对数据的备份操作，定时定期进行备份，不仅需要有多重冗余备份，也需要异地数据备份，这样即使某个地方的数据出现丢失或者遭到破坏，也可以在另一个地方还原保存副本数据，为后续恢复数据奠定基础。与此同时，也要对数据恢复机制进行一定的规范，定制数据快速有效恢复的方案，在必要时根据发生的不同情况，采用不同的恢复机制进行有效恢复，确保备份的数据完整无缺。

第二节　服务方式

随着移动互联网的发展，传统的信息服务方式已经无法满足用户需求，图书馆应该找到新的突破口来提升自己的信息服务能力。首先，图书馆应该大量收集文字、图片、音频、视频等文件，对其进行加工，丰富自己的馆藏资源。其次，图书馆应该针对互联网上的信息资源进行整理，丰富自己的数字化信息载体，以完善图书馆的各项服务。同时图书馆应该通过联网为用户提供个性化服务，目前用得最多的就是信息定位服务，例如微信上有一个定位功能，只要启用这个功能就可以知道你所在的位置以及周边的美食和景点，为我们的出行带来了方便，这就是大数据时代信息发展的结果。图书馆同样可以通过手机客户端为用户实时推送最新新闻动态，让用户及时地了解图书馆信息，给我们的信息查询和跟踪带来方便。

一、IC 服务

国外一些大学图书馆为满足用户需求，采取新的服务传递模式，即建立了信息共享空间（Information Common，简称 IC），通过重新配置图书馆的物理空间、整合服务联结信息资源、提供技术和研究帮助的服务方式。现阶段，高校图书馆下设的部门有图书流通借阅部、报刊阅览部、电子阅览室、视听光盘阅览室、信息咨询服务部等，纸质书刊与多媒体、数字资源分开管理，借阅纸质馆藏图书和使用同方知网、方正、万方等电子数据库要到不同库室，文献资源分散，加上服务设施不健全，缺乏参考咨询人员，读者服务工作举步维艰。建立 IC 阅览室，即在一个空间为读者提供所有的服务。

二、学科服务

起步阶段的高校图书馆学科服务一直以配备学科馆员，搜集建设专业馆藏，建立简单的学科导航、开发专业学科索引文摘为主。随着读者专业需求的不断扩展，学科服务更向纵深发展。

1. 建立学科馆员的技术服务平台

在这个平台上，馆员与用户可以互动，随时沟通交流，了解用户需求，解答用户咨询，发布文献信息。

2. 深层学科信息目次服务

按照学科和主题整理期刊、图书及电子数据资源的目次，汇集成学科目次专题，传递给用户使用，提高信息利用率，更方便读者查找资料，利用学科服务平台发送。

3. 丰富学科导航内容

提供学科专家介绍、学科网址链接；提供国内外新成果新技术要览、新动态信息；学科文摘参考、学科进展综述、学科文献评价、学科立项查新。

4. 建立本院科研项目服务档案

开展课题项目调研、课题资料搜集、课题相关内容的代查代译、课题论证等科研项目追踪服务，撰写专题科研报告。

（一）我国高校图书馆学科服务团队建设问题

我国高校图书馆学科服务团队建设经历了一个从无到有、由少到多的过程，虽然团队建设逐步引起了越来越多高校图书馆的重视，建设规模日益扩大，但是总体而言仍处于发展初期。在美国，团队工作已成为学科服务工作的常见形式，其模式包括学科馆员之间、不同部门之间、总馆与分馆之间、不同图书馆之间、不同学科领域之间的协作。与美国这些发达国家的高校图书馆学科服务团队建设水平相比，我国高校图书馆学科服务团队建设还有着很大的提升空间。

（二）我国高校图书馆学科服务团队建设策略

1. 确立团队协作的共同目标

团队不仅仅是人的集合，更是能量的结合与爆发，团队的核心在于协同合作，强调团队合力，注重整体优势。要真正实现团队协同合作，发挥团队整体合力，确立共同目标是基础和前提。因为共同目标是整个团队所期望实现的成果，对整个团队具有持续的导向与激励作用。确立团队协作的共同目标，是成功构建学科服务团队的思想根基和基本前提。最大限度地满足学科用户的信息需求是学科服务开展的出发点和最终归宿，基于这一共同目标的驱动，学科服务的相关因素集中到一个环境中形成整体合力，学科服务团队就应运而生了。有调查证明，基于对合作目标的介绍，一些高校不管是教师还是馆员对合作成果均产生了积极的期望。需要指出的是，最大限度地满足学科用户的信息需求是学科服务团队建设要达到的一个总目标，要实现这一总目标，必须制定团队每一个阶段的子目标，使总目标具体化。

2.培育胜任力强的专职学科馆员

专职学科馆员是专门从事学科服务的馆员，时间、精力均有可靠保证，是学科服务团队成员的主体。培育胜任力强的专职学科馆员主要通过精心选拔、持续培养、定期交流三个途径来实现。

（1）精心选拔。选拔合适的成员是团队成功的关键，因为团队的竞争优势来源于各成员的互补性知识和集成能力。图书馆在选拔专职学科馆员时，要明确上岗条件，包括学历水平、工作经验、专业技能、职业道德等，在全馆范围内挑选出具有相关的学科背景、合理的知识结构、较强的团队协作精神的优秀馆来承担，有条件的可实行资格认证。如果专职学科馆员人数过少，可以通过兼职转变为专职、岗位迁移或人才引进来保障专职学科馆员队伍。

（2）持续培养。要有效提升专职学科馆员的学科服务胜任力，持续培养尤为重要。目前，针对学科馆员能力提升的培训项目和学术研讨会日益增多。图书馆要为专职学科馆员的外出培训与交流学习提供条件，确保专职学科馆员可优先获得参加这些省级、全国性甚至国际性的培训学习的机会。

（3）定期交流。隐性知识是学科服务团队开展学科服务的核心能力，学科服务团队内在隐性知识的共享水平最终决定学科服务团队对学科用户开展知识服务的水平。而团队隐性知识共享的关键在于畅通沟通渠道，营造沟通环境。因此，学科服务团队内部、团队之间要定期开展交流讨论会，进行学科服务典型案例的集中学习、学科服务工作中难题以及解决方案的共同探讨等。常态的沟通交流有利于分享团队彼此的成功经验，实现团队成员隐性知识的积累和共享，从而提升学科馆员的学科服务技能。

3.拓展非学科馆员的招聘渠道

非学科馆员的招聘渠道越多，其数量就会越多，就会扩大学科服务团队的规模，提升学科服务团队的创新服务能力。招聘非学科馆员主要可通过以下三种途径来实现：

（1）广泛招募。通过图书馆主页、纸质海报、校园新闻、微博、BBS等途径发布招募信息，列出招募要求及流程，面向全校师生广泛招募非学科馆员。这是一种最常用的招聘方式。

（2）主动挖掘。多途径广泛搜集学校各学科带头人、科研团队骨干、重点项目负责人的信息，通过发函、电话、面谈、登门拜访等方式主动聘请一定数量的教师顾问专家。

（3）临时协作。对于临时性的学科服务项目，如举办某一主题活动，可与一些学校社团协会、数据库商进行临时性的协作，让这些临时协作的对象成为非学科馆员的一部分。高校图书馆在招聘非学科馆员时，要将广泛招募、主动挖掘、临时协作这三种招聘方式有机结合，全面拓展招聘渠道，加大非学科馆员的招聘面与招聘力度，增加非学科馆员的数量，优化非学科馆员的综合素质，使非学科馆员成为学科馆员不可或缺的重要帮手。在非学科馆员培训方面做得最好的当属上海交通大学图书馆，该馆构建了泛学科化服务体系，除了构建"学科馆员——咨询馆员"三级学科服务梯队外，还推出"学科专业科研信息专员培养计划"，每年培养100多名信息专员。上海交通大学图书馆通过多途径扩充非学科馆员队伍、壮大学科服务团队力量的做法，值得其他高校图书馆借鉴和学习。

4. 采用多元化的激励机制

激励机制是在组织系统中，激励主体运用多种激励手段并使之规范化和相对固定化，而与激励客体相互作用、相互制约的结构、方式、关系及演变规律的总和，它是组织将远大理想转化为具体事实的连接手段。对于学科服务团队中的学科馆员和非学科馆员要设计不同的激励方案，实行差异化激励。由于学科馆员都来自图书馆内部馆员，对其图书馆可在岗位提升、职称晋升、外地调研、培训等方面予以优先考虑并作为主要的激励方式。

由于非学科馆员几乎都来自馆外，图书馆与其只是合作关系，对其可采用发放聘书、授予荣誉与享受图书馆VIP服务相结合的激励方式。例如，上海交通大学图书馆向信息专员发放聘书，并让信息专员享有全额补贴馆际互借费用、优惠租用图书馆培训教室及会议室、所在科研团队所需外文图书优先采购并优先借阅、优先获取最新学科信息推送及培训资料等图书馆专授的优惠权限。厦门大学图书馆向学生顾问颁发正式聘书，并让其能优先享受图书馆服务。

5. 实行全面的绩效评价

绩效评价是组织依照预先确定的标准和一定的评价程序，运用科学的评价方法，按照评价的内容和标准对评价对象的工作能力、工作业绩进行定期和不定期的考核与评价。科学合理的绩效评价是学科服务团队健康发展的助推剂，是提高团队成员工作积极性、主动性、创造性的有效机制。

一个完整的学科服务评价包括对服务内容、方式与效果的综合评价，包含馆员自评与互评、馆领导评价以及读者评价等多个层次。学科服务团队构建的总目标是为了更好地满足学科用户多元化、深层次的信息需求。笔者认为，应在每学期期末对学科服务团队实行由用户主导的、侧重于服务效果的常态考核评价。鉴于不同用户的个人信息素养不同、目标不同、需求不同，对用户应该予以适当分类，每类参与评价的人员都应该有适当的比例，对其评价结果进行分类分析评估。此外，要保证考核评价结果的客观性，评价指标的确定是关键环节。学科服务团队绩效评价指标主要包括团队的整体精神面貌及相互协作的水平、团队主动联系用户的人数及频率、团队解答用户学科信息咨询的问题及数量、团队开展学科专题培训的主题及次数、用户对馆藏学科资源建设情况的满意程度、用户对学科资源获取成功率的满意程度、用户信息素养提升的程度、用户教学科研水平提高的程度等。要根据每个评价指标的重要性赋予权重，对这些评价指标进行综合考察，才能得出较为客观准确的评价结果。

三、特色服务

高校图书馆特色服务除强调本馆图书馆主页的特色、本馆文献资源建设的特色、读者服务方法的特色外，还应该在以下方面有所加强：

1. 更重视学院特色数据库的建设

建立具有学院特点的教育教学资源平台，汇集能反映本校优质课程，代表本校特色的授课资源供用户学习参考，实现教学内容、教学范例、教学管理的网络化，提高优质教学资源使用率和收益率，体现高校图书馆开放性特点，更好地为教学服务。

2. 面向本馆核心用户的服务

高校学生和教学、科研人员是图书馆核心用户。首先，通过发放调查表、联系部找读者面谈等形式开展用户调查，把握核心用户需求，建立核心用户档案和课题追踪服务卡片。其次，为核心用户创造良好的阅读环境，配备专用电脑检索机、书架、座椅等设施，配备针对核心用户教学研究及课题开展全程服务的资深馆员。再次，加强资源建设，根据核心服务对象确定文献收藏范围与用点，处理好核心与普通用户资源投资比例，突出馆藏建设特色化和针对性，合理配置馆藏并充分利用与网上资源有关的公共服务体系，还要注重网络资源的组织与链接。

3. 个性化定制服务

主动搜索与用户需求匹配的主题信息，对资源进行识别、筛选、过滤、控制、描述、评价，提供目录信息及源站点地址供用户选择，并按照用户特定要求推送。

四、用户指导与参考咨询

过去的读者指导、培训、参考咨询以图书馆馆藏资源分布介绍、面对读者管理的常见问题解答、资源查找和使用中的各种问题以及电子资源（如 CNKJ、方正电子图书等）数据库使用培训为主，形式是发放《读者手册》或《数据库检索指南》，举办信息服务项目宣传、书目知识讲座。今后，用户指导和咨询工作的开展是关于知识获取的任何问题，而不仅仅是图书馆的利用。

（1）参考信息源的概念突破了传统"馆藏"，将资源获取范围扩大到覆盖馆藏资源和整个网络资源的所有知识服务。

（2）网络资源、图书馆联合数字资源、在线数据资源，借助电子论坛、电子邮件、博客、网络聊天室、网络寻呼机、桌面视频会议等网络工具，突破时空限制，使用户随时随地直接受到咨询馆员高质量、快速度的专业帮助。

（3）提倡简明而深入的咨询服务。"简明服务"即采用在线常见问答和可定制的"数据库查找器",提供简便的在线资源导航和获取服务。"深入的服务"即满足教师研究需求，帮助学生完成研究和毕业论文写作的深层咨询服务。如把馆员帮助的建议和指导意见编制整理，按照学科和主题发布在图书馆主页。

五、读者信息素质培养

（一）高校读者群体的信息素质现状

1. 当前许多大学生缺乏信息意识，或者信息意识淡薄，信息搜集活动总是处于被动状态，信息需求模糊不清，信息活动动机不稳定。据调查，60%的大学生不知道信息的概念、特征及种类，不了解信息源；70%的学生不会检索本专业的文献信息，就更谈不上有效利用信息资源了。信息知识是有关信息的本质、特征、信息运动的规律、信息系统的构成原则、信息技术、信息方法等方面的基本知识；是对于信息从生产分布、组织加工、传播流通、检索利用等各个环节的原理、现状、规律的不断总结和提炼。多数大学生对这些知识了解甚少，即使很多高校开设了这门课程，他们也认为不是专业课不予重视，不主动学习，敷衍了事，所以提高读者对信息知识的热情也是高校图书馆信息素质教育的一个重要方面。

2. 信息能力参差不齐。

（1）信息检索获取途径单一。大多数读者只选择纸质印刷型文献，而且局限于书、刊、报，忽略了信息含量较高、价值较大的学位论文、研究报告、专利文献、档案资料等。

（2）多数学生不善于利用电子文献信息和网络信息资源，高校学生上网的达90%以上，但真正把网络作为一种重要的媒体进行信息交流并获取信息，把学习、研究、开发作为主要目的的人却寥寥无几。

（3）多数学生不会有效地利用图书馆，即使大部分高校在新生入学时会对其进行入馆教育，但在其后的学习中，许多学生还是不会利用图书馆各项服务，尤其是深层次服务，把图书馆只当作自习的场所。

（4）对获取的信息不善于组织加工，不会评价及有效地利用。只顾及本专业书本上的知识，而忽略了相近、相关学科的知识信息，如此低水平的信息能力在信息社会发展将会举步维艰。

（二）高校读者群体的信息素质培养

读者信息素质教育包括图书馆对读者信息意识和信息利用能力的培养，形式是文献检索课教育、对读者信息素质的考察等。

（1）由基础理论探讨转移到信息素质教育实践。实现信息素质教育课程资源整合，将信息教育融入学校课程体系，与其他学科教师的教学合作，倡导多层次全方位的信息素质教育合作模式。

（2）开展在线信息素质教育。通过教学让读者具备顺利获取文献信息的技能，除增加上机，多利用数据库实习演练，还把文献检索课的课件、视频、重点问题解答加入学院教学平台，课程培训内容在线播放。

（3）读者"自助服务"意识的培养。自助服务是图书馆发展的必然趋势，重视用户参与，更注重与用户的互动。"自助服务"是读者满足自我、方便自我的创新服务，充分发挥读者主动性、积极性和创造性，体现读者活动的自主性和主体权利，也减轻了馆员工作量。服务内容有网上检索、用户信息查询、自助还书、自助网上互借、网上预约、网上讲座、网上推荐图书、网上支付罚金等。

六、读者服务体验与评价

读者满意度是进行读者评价最重要的指标。它主要包括对参考信息源、参考馆员、问题的解答过程及结果、参考咨询环境的评价。一直以来，我们利用走访、读者座谈、问卷、网上互动等形式探求读者满意度，但读者在使用中能亲身体验文献是否丰富、环境是否优雅、使用是否便捷、馆员是否主动热情和服务项目的多少，却不能从图书馆专业角度对馆内文献流通率、资源利用率、咨询与参考情况、学术研究水平、服务管理水平等做出整体的、正确的、科学的分析判断，而只能由馆员以科学的、实事求是的态度完成。一方面，用户在馆员服务过程中感知满意的水平决定着满意度；另一方面，服务评价的过程、指标设计、评价的方式方法是否科学也决定满意度，除此之外，服务人员的服务能力、自身评价能力和综合素质也决定满意度。读者评价的策略就是要遵循对服务进行评价的原则，科学性与可行性相结合；定性与定量相结合；终结评价与过程评价相结合；服务评价与服务督导相结合。只有这样才能通过读者评价促进信息服务提高。

第三节　服务环境

在大数据的背景下，传统图书馆的信息服务设施已经相对落后，也无法满足大数据的数据处理。随着大数据时代的来临，各种不同类型的数据正在向图书馆的服务设施和工具发起挑战。一般的文献资源用数据库就能完成操作，但是面对结构化、半结构化和非结构化数据的时候，数据库就无法完成操作了，图书馆只能引进新的操作技术才能完成大数据的处理。目前大数据的处理工具有 Map Reduce，它是当前最流行和普遍研究的大量数据处理方法；Hadoop 技术，它凭借开源性和易用性成为大数据环境下数据处理的首选技术；NO SQL 数据库进行存储，NO SQL 是 Not Only SQL 的简称，它没有固定数据模式并且可以水平扩展，是灵活性好的非关系型数据库。有了这些技术才能更好地处理大数据。同时，图书馆工作人员同样需要提高自己的操作水平，只有不断地学习才能更好掌握大数据技术，适应大数据时代的生活。了解他们的需求方向，更好地满足人们的需求，更有效率地服务于大众。

一、高校图书馆信息服务的总体对策

（一）贯穿以人为本的服务理念

印度学者阮冈纳赞曾指出，"书是供所有人使用的"，"为每本书寻找它的读者"。从中透露出来的信息，就是图书馆的价值体现在读者对它的利用之中，而非对图书的保存当中。我国长期以来在图书馆服务中体现出来的"书本位"大于"读者本位"的思想，至今还影响着我国图书馆的生存和发展。图书馆必须从根本上转变观念，正确处理好"藏"与"用"的辩证关系，藏的目的在于利用，树立以用促藏，书为人所用，藏为人所需，以用为主的新的管理服务理念。图书馆服务已经从传统的以藏为主、以书为本的被动文献服务转变为现代的以用为主、以人为本的主动知识服务，充分考虑到特定人、特定主题的文献信息需求和人的全面发展，充分尊重人的意愿和人的潜能发掘。

（二）信息资源立足读者需求

资源是图书馆满足读者需求的根本。从以人为本的观念出发，图书馆在资源建设方面首先要根据自身定位和服务对象来确定馆藏范围和馆藏级别，就高校图书馆而言，应根据其学科范围来确定自己的馆藏范围，不能为特色而特色，其馆藏级别也应是大学级或研究级；其次，在印刷型资源与数字资源的配置上，也要考虑适当均衡；最后，应加强网络资源的组织和管理。

可以说，服务是贯穿图书馆发展的主线，是图书馆最基本的功能。图书馆要实现其自身价值，必须牢固地树立起服务是灵魂、服务是核心、服务是基础、服务是一切工作的出发点的价值观和理念。

（三）拓展服务范围，提高服务便利

在制定图书的规章制度时，更多地从读者角度考虑，简化借阅手续，也是以人为本理念服务的体现。比如，根据读者的需要延长开馆时间，节假日照常开馆，有的图书馆甚至实现了全年 365 天开馆；图书馆的电子资源实现 24 小时提供存取。

（四）提高认识，更新观念，树立大图书馆的大资源观

当今衡量图书馆馆藏文献数量高低的标准已不再是传统意义上的馆藏数量的多少，而是看它能为用户提供信息服务的能力。因此，必须彻底改变因循守旧的传统观念，充分认识组织资源共建共享是为适应当代社会发展、最大限度地利用文献信息资源。在网络环境

下，现代信息技术的应用直接影响着高校图书馆馆藏规模的大小和文献信息保障能力的高低。因此，高校图书馆的文献资源建设应充分考虑网络化信息资源的环境，在资源建设上，要克服"小而全、大而全"的思想，重点强化图书馆人员尤其是决策者的全局观念，冲破保守封闭，各自为政等思想的束缚，自觉地把本部门、本系统的信息资源建设置于高校系统信息资源体系的统一规划之中，变分散为整体，变自足为共享。各馆要明确各自的馆藏重点，馆藏特色，加强采访的针对性、实用性按照"协调采购，规范加工、联合上网、资源共享"的原则，尽快实现系统内外网络化的协作，充分采用现有馆藏资源和网上文献信息资源开展更大范围的资源共享的信息。

二、建立高校图书馆信息服务平台

当前用户需求特点，对信息资源建设的深度、广度和精确度提出了更高层次的要求，既要适应多层次用户的需求，又要适应个性化和专业化发展的需求。这就需要创建优质的综合服务平台来满足用户这些复杂、多向的需求。

（一）综合平台构建

1. 利用网络建立各类专家服务平台

高校及科研单位是人才较为集中的地方，在这里有各行各业的专家。

以图书馆为结点，以网络为途径，聘请高校、研究部门及社会知名专家学者担任信息咨询专家，为读者提供高质量、强实效性的服务终端。

此外，也应建立图书馆的服务团队。图书馆馆员面对的是各个学科专业的用户，所传递的信息将覆盖各个学科领域，因而要求馆员必须具备比较广博的知识面，熟悉各种信息源，有能力从无限和无序的信息中做出正确的选择。由于每个馆员不可能精通所有的学科，所以只有通过建立各有所长的协作团体才能解决这一问题。具体做法是：根据工作需要，针对各自不同的知识、技能、动机和态度，将各类人员有机组合起来，为对口的学科提供信息开发和检索、在线咨询、信息教育与培训等服务。通过这样的途径，实现博学与专业的优化组合，使个人的能力在团队的支撑下得以充分发挥。

2. 加强信息资源整合，建立学科导航站

这一工作的重点是采集相关专业文献数据库、电子期刊、专利、标准、学术会议、学位论文等动态学科信息，并根据不同学科的特点，有针对性地选择有专业特色、有利用价值的内容进行收集和整理；对互联网上的学科资源进行详细的调查，利用搜索引擎、学科主题指南等对网上的信息进行采集、筛选、分析与评价，以此为基础建立学科导航系统。就我校图书馆现有的条件，应从学校的学科设置特点、重点科研方向和事业发展规划入手，建立专业特色的文献信息数据库、科技数据库、专家数据库、重点学科数据库等。进一步形成有特色的学科导航站，首先要加强网络资源的搜集、整理和保存。其次，根据特定用户的需求，通过多种途径、运用多种技术方法，在网上开展重点学科建设和科研课题的查新、数据检索、信息分析、课题论证等工作。

3.建立主要专业科技服务网络信息交流平台

将学科动态、科研成果、新产品等信息展现给网络用户。加强主要专业科技信息资源的收集、加工和传播，面向新技术与新产品的研究开发，建立新型多元化的科技转化，推广应用的服务体系，在提供信息、技术、培训、实现购销一体化方面提供综合服务，从而形成技术开发与应用的良性互动循环的理想模式。如在图书馆开设植保、农牧业机械化、农业生态保护、畜牧兽医等栏目，介绍政策信息、市场信息、动植物新品种、供求信息、合作项目等内容，传递相关的科技信息，促进科技成果的转化，形成专业信息服务平台。

4.以人为本，提供个性化服务平台

个性化信息服务主要内容包括：为学科带头人和重点科研项目建立档案、个人资料库；根据专家需求及学术资源的特征进行设计，主动为专家选择最需要的资源；跟踪专家需求的变化，高时效性地为专家提供最快捷、最方便、最易用的信息服务；根据科研以及应用生产需要的实际情况，专项项目等，开展定题跟踪服务；根据各服务项目发展进程和不同阶段，提供对书的信息检索、分析等一条龙服务；为广大农牧业管理和生产者提供特定专题的国内外农牧业发展动态，农产品开发、市场分析、技术改造、投资环境信息等。网络环境下，个性化服务只有在资源整合、系统开放和信息集成的前提下才能高效实施。在提供个性化服务的同时各图书馆的核心服务能力也可以得到提高，从而使各馆间的优势形成互补，为资源的动态优化组合提供了条件。

另外，图书馆应该有效地利用现有资源，组织实施用户信息素质教育。注重提高用户现代信息意识和信息分析能力，以及信息检索和获取有用信息的能力，尤其是重视用户对现代即时性动态信息、情报获取的科学方法的培养，加强用户培训工作的主动性、针对性、适用性和实践性，在不断提高用户对信息的认知和使用水平的基础上，提高用户检索过程的准确率，为用户的自助服务打下良好的基础。

总之，综合服务平台的建设，在大学图书馆面对新形势下的用户群体出现的新需求而进行的自我业务提升，对于有效地提高高校图书馆的服务功能具有举足轻重的意义，应当在这方面抓住机遇，实现突破。

（二）重点学科服务平台的设置

1.服务平台构建模式

通过校园网络访问，利用图书馆服务器，挂在图书馆主页，加强交互式功能和信息链接功能。用户获得信息的主要方式：通过图书馆主页中"学科馆员"栏目进入，点击相关学科，逐层浏览所需专题和栏目。

2. 数据采集、分析和信息输入

根据学科发展需求，采用数据挖掘技术，从大量的、不完全的、模糊的、随机的数据中，提取隐含在其中、人们事先不了解，但又是潜在有用的信息和有价值有关联的知识。这些数据挖掘后通过信息处理，输入数据库的相应栏目，便于科研人员查询。具体步骤为：① 需求分析与知识采集。通过对用户需求的全面分析，找出用户需求的核心内容，进行用户需求表达的规范化处理，并按需设计服务栏目；有针对性地进行信息与知识的采集。② 知识过滤与挖掘。学科馆员对挖掘的信息进行前期处理，对无用信息进行过滤处理，使内容高度关联的学科专业知识形成一个整体的"知识网络"。③ 知识提供。研究领域中高影响力学者的信息、文献中与实验相关的事实性数据、该领域的核心期刊、热点课题、跟踪研究领域的最新进展等等，并按信息处理原则归类，输入数据库。

3. 建设目标

重点学科服务平台的建设目标是为特定的用户群提供高质量的信息服务、提供重点学科带头人和科研人员所共同关心的信息。按照特色化原则、标准化原则、服务于教学科研原则、协作化原则和安全性原则，构建学科建设信息服务支撑平台，使学科资源、用户需求、学科馆员、知识服务做到无缝连接，形成良性循环的学科知识服务动态的交互系统。

4. 解决的关键问题

（1）定义可测量的学科信息导航目标。针对专业研究型用户的需要，建立和链接可靠的国内外本学科的专业信息资源的规范导航系统，将各种海量信息资源中所收集的数据进行筛选、整理、分类和分析，按信息处理标准归类，进行储存和提取。

（2）定义学科信息服务的规模和范围。实行学科信息纵向整合，提高分布资源的集成界面。通过平台，科研人员可以提出需求和建议，学科馆员有针对性地提供科研信息服务，包括文献检索、全文提供、参考咨询服务、个性化集成定制等。

（3）通过平台，各级领导和学科馆员可以了解学科发展情况，并通过竞争对手的信息分析，了解我校学科建设在国内的地位。

三、高校图书馆信息服务的具体措施

（一）基于用户需求，完善用户服务

1. 学习国外成功的经验以提高用户服务效率

用户分为两类，即校内读者用户和校外读者用户。校内读者用户中，教职员工凭借身份证，学生凭借学生证，特聘人员、科研人员以及其他特殊学生凭借附属图书馆利用证，便可阅览借书，以上人员只需出示身份证或学生证便可办理证件；校外读者用户需凭借身份证填写申请单，办理临时阅览证；对于搞研究调查的，可申请办理校外人员借书证。按照读者需求的多样化，借阅证也呈现多样化：当日阅览证、临时阅览证、全年阅览证、参考借阅证、普通借阅证、期刊阅览证及集体阅览证等，保证不同用户、不同层次的读者都可以平等地利用图书馆。

2. 根据读者需求拓展新的服务功能和设立齐全的读者服务设施

根据读者需求提供网上预约，除了对已借出的图书进行预约外，还可以对新出版的图书和其他借出的图书预约。如在本馆检索终端上未检索到的书或已经借出的书，可以在网上所需图书预约单上填上书名、作者、出版社和出版日期，留下自己的联系方式。图书馆则根据还书或购书日期通知预约读者用户来馆办理相关手续。对于用户需要的很多珍贵的报刊资料及不易借阅的图书资料，图书馆购置后可制作成光盘，随时满足读者需要。图书馆还可从以人为本的管理理念出发，配置齐全的休闲娱乐服务设施。

3. 加强期刊和阅览室的管理

期刊和阅览室管理是读者服务的重头戏，图书馆除外借区实行全开架、大流通格局外，其他中外图书保存阅览室均采取单独开放原则。书籍按照中图法排架，读者用户凭证可以进入阅览室自由取阅图书，图书馆定期剔除旧馆藏，以退出架位保证新书上架，提高图书流通率。为减少开架中的错架、乱架、丢失、污损失窃等现象，管理人员除对读者加强宣传教育外，也可以采取停借等惩罚措施以加强管理。

4. 做好参考咨询及建立联系读者平台

设立信息开发中心，专门从事参考咨询服务。一是总咨询台，网上咨询 FAQ，主要是向到馆读者提供指向性咨询服务和导读服务，回答如何获得文献等指向性问题，解答读者常见问题。二是阅览室参考咨询，主要是解答与本室收藏文献有关的简单专题检索问题，以及开展指定参考文献服务。设立指定参考阅览室，存放与教学科研人员所授课程相关的参考文献（如参考书、手稿、论文和试题等）供学生学习参考。读者对象明确、资料集中、供需吻合、效果好。三是高级咨询，在工具书阅览室和重点读者服务处设立高级咨询岗位，当一般阅览室参考咨询人员无法解答，或者读者用户不满意时，可以向高级咨询人员寻求帮助，并可以利用网络资源及电子文献资源，以数字化资源和现代化技术为手段，开展系统性和专题性参考咨询，形成特色资源和良好服务相结合的电子咨询体系。为加强读者与图书馆的联系，及时掌握和了解读者的需求动态，图书馆设置电脑意见箱，架起读者与图书馆之间信息交流的桥梁，使读者随时将需求意见与信息反馈给图书馆，使图书馆在服务中掌握主动权。

5. 提供"以人为本"的个性化服务

个性化服务是建立在人本管理理念之上的服务形式。以人为本管理是一种难度大、内涵丰富的高级管理，其效果往往是深远、持久和显著的。通过人本思想的柔性手段调动人的热情与积极性。设置客观目标标准和程序，促进激励的规范化、系统化、制度化，使激励的行为有方向、检查有根据、评比有规则。鼓励馆员自我进修、参加各类学术会议、开展创新性研究、增强图书馆员的职业自豪感，使馆员具备较强的亲和力和责任心。

读者是图书馆赖以生存的基础，要注重读者差异性、层次性，突出读者的主体性和能动性，尊重读者、信任读者、帮助读者、维护读者隐私权、给读者更大的自由发展空间；并要通过读者文献需求调查，聘请有代表性的读者参与图书馆采购，保证图书的针对性、实用性、时效性、特色性；设立读者教育室和读者辅导专业馆员，定期对读者和新生进行培训，帮助读者了解图书馆的规章制度以及如何利用图书馆。

图书馆在本馆主页设计上不仅要条理清楚、结构合理、主次分明，还要增强主页的互动性、增强在线答疑的咨询项目，充分体现对读者的关爱，对特殊读者提供及时到位的服务，使图书馆主页真正成为信息时代人性化服务的一个窗口，使读者真正享受到信息时代方便、快捷、轻松的人性化服务。

（二）开发馆藏特色数据库，丰富网络信息资源

馆藏特色化和专门化是网络时代高校图书馆的战略选择。根据信息服务的有效开展和用户信息的需求，高校图书馆应在大力开发、挖掘网络信息资源的同时，利用高校特有的信息资源，建立特色信息资源数据库。如将学位论文、校友或名人赠书文库、重点学科的教研成果信息、教改相关的各项资源、本馆的特色馆藏、教师的优秀课件、重点专业的特色教材、精品课程信息等有计划地按学科类别汇编成大型数据库，组织、参与网络信息资源共享，从而丰富网络信息资源，为用户提供各种特色信息资源服务。

（三）搭建网络化合作信息咨询平台

目前，数字参考咨询（如虚拟参考咨询、网络参考咨询、电子参考咨询）根据所采用的技术手段，可分为基于电子邮件的参考咨询服务、基于实时交互的参考咨询服务和基于网络化合作的参考咨询服务等模式。电子邮件和实时参考咨询信息服务在数字参考咨询中发挥着重要作用，但信息服务中会经常遇到超过自身知识和可利用资源能力的复杂问题。而合作参考咨询可以充分利用各参加馆的人力，合理地分配人员，有利于形成不同学科、不同专业领域互补的局面。这种咨询服务能将用户的问题提交给最适合问答这个问题的图书馆和参考馆员，既圆满地解决了用户的要求，也充分发挥了图书馆和参考馆员的优势，同时更有利于带动成员馆服务水平的共同提高。由于各成员馆遵循同样的服务协议和服务质量要求，就会形成整体效应，树立咨询服务的良好形象。

因此，我们应借鉴国外网络化合作的数字参考咨询服务的经验，搭建我国高校图书馆基于网络化合作的数字参考咨询平台，使更多的高校图书馆联合起来形成一个分布式的虚拟数字参考咨询服务网络，面向更大范围的网络用户提供不受时空限制的、透明的、无缝的数字参考咨询服务。

（四）做好用户信息教育，提高读者自助信息服务能力

1. 新生的入馆教育应增加介绍网络全文数据库、电子资源的内容及主要检索方法

新生入馆教育除要介绍如何利用图书馆外，还应适当增加网络全文数据库、电子资源内容的介绍及主要的检索方法。使新生对网络信息有初步的认识，使其在利用图书馆的同时，学会利用网络信息资源，开拓自己的知识视野。

2. 为读者开设网络操作基础技能的讲座，提高读者网络信息检索的能力，实现网络信息自我服务，应具备一定的网络操作技能，所以，图书馆应针对读者的需要，定期为读者介绍讲解互联网入门、WWW 简介、电子邮件（E-mail）和电子文献传递（FTP）等网络浏览基础操作技能，从而提高读者计算机应用技能及网络信息的获取技能。

3. 文献信息检索课的内容应以网络信息、电子信息的使用为重点

网络环境的开放和信息资源数字化方向的发展赋予了高校文献信息检索课以新的内容。网络时代的文献信息检索课的教学内容应以讲授电子图书馆、数字图书馆、网络信息的检索与利用为重点。现在高校网络环境、网络信息资源丰富及共享环境的形成，为文献信息检索课的网络教学提供了广阔的空间。为使学生熟练掌握电子图书馆、数字图书馆、网络信息的检索与利用，在教学中应用最先进的检索技术和手段开展教学，帮助学生掌握网络信息检索的技能。教学中要注重理论与实践相结合，尤其数字化资源及电子信息的检索要讲解与上机相结合，加大上机实习的力度，使大学生真正掌握通过网络获取信息的技能。

4. 针对不同读者群，做好数字资源、网络资源的用户培训

数字资源具有信息含量大、检索点多、检索方便、准确、快捷等纸质型文献无法比拟的优点，已成为当代读者获取信息的重要途径，所以做好读者数字资源使用的培训工作非常重要。数字资源的用户培训可针对高校的读者群分期进行，读者群可分为教职员工、学生。在为教职员工进行数字资源培训时，为使他们及时获知培训信息，应提前拟定培训通知，通知内容包括培训的内容及其简要介绍、主讲人、培训方式、培训时间及地点、咨询联系人等。通知须提前几天通过张贴海报，向各系、部发放，同时，连入学校的办公网、图书馆主页等多种途径使教职员工获知图书馆数字资源培训的信息。由于高校教师实行不坐班制，所以，培训时间最好征求各系、部的意见，安排在全校统一集中的时间。要及时、循序渐进地为教师们进行现有数字资源及不断引进的数字资源的培训工作。由于高校的全文网络数据库都是对校园网开放的，不是校园网用户无权访问。不坐班的教师们在家中的非校园网络无权访问网络全文数据库的，而恰恰在家这段时间，他们又非常需要利用网络全文数据库信息进行教学和科研活动。所以，在对老师们进行培训时，要注意讲授如何在非校园网机器中浏览下载网络全文数据库的信息。

进入大四的大学生需要做毕业设计、撰写毕业论文，此时，掌握文献检索技能及应用文献信息的能力，对于他们是非常迫切也是非常重要的。所以，高校图书馆要组织、安排

好毕业生的数字资源的培训工作。最好从大学生临近毕业的最后一学年开始，根据毕业生的需要组织安排多场培训。培训内容主要以信息含量大、权威性强的大型中、外文数据库为主。培训通知采取张贴海报、链接图书馆主页等形式进行宣传，由于培训地点的机位有限，为确保毕业生培训的有效进行，培训通知发布后，实行必要的提前预约。通过预约，一是确定本场培训的毕业生名单，二是掌握需要接受培训的毕业生人数，以便安排好以后几场的培训。在为教师、毕业生进行数字资源培训的同时，还要经常定期地为其他大学生开展常用数据库的讲座。

数字资源的检索重在实践。所以，数字资源培训最好在电子阅览室进行，培训方式以讲解与上机辅导相结合为宜。为保证培训的质量，培训时要上有主讲的老师，下有图书馆业务骨干进行上机辅导。数字资源培训是图书馆长期而艰巨的任务，所以，一定要做好每场培训的读者签到及读者统计工作，注意收集接受培训读者的反馈意见，建立并完善读者数字资源培训的档案，以便经常总结经验，及时调整培训内容及培训方式，不断完善数字资源的培训模式。

5. 利用现代化、网络化环境，实现用户培训的远程教学

随着网络和计算机技术的飞速发展，大学图书馆用户教育的培训手段和培训形式呈现出了新特点。从用户需求角度而言，用户需要随时随地、自主地获得培训，而不希望受到时间、地点、人力等种种条件的限制，这些均使网上培训成为当前图书馆用户教育的热点和发展趋势。大学图书馆应该充分利用网络和资源的优势，努力依靠自己的资源和技术力量制作课件、编写教程，开展网上用户教育，以满足各类读者的不同需求。

6. 培养一支训练有素的信息培训师资队伍

图书馆进行用户信息素质教育，需要一支技术过硬的师资力量做保证。图书馆要创造条件为信息师资队伍提供各种继续教育的机会，同时更要提倡、鼓励以自学为主来提高自身的信息素质，使这支队伍的成员组合既要有丰富的图书馆情报知识，又要精通计算机、外语、网络、文献检索的知识和技能，使他们能胜任对全馆的信息素质教育的工作。师资队伍成员要有明确的分工、有目标地培养。

第四节　服务模式

一、建立交互式共享平台

受社交网站的影响，图书馆也慢慢开始建立网络互动平台，通过开设网络互动平台，可以吸引更多的用户，为他们提供畅所欲言的场所。针对图书馆开设的互助吧、论坛、社

区栏目等，用户可以通过它来完成图书管理员和用户、用户和用户之间的实时交流。有了这些交流平台，图书馆可以大力地培养和提高图书馆信息咨询服务，利用集体的智慧来充实自己，从中获取到更多有价值的信息。同时图书馆还可以利用这个平台进行资源整合，用户不仅能够享受资源的检索下载，也可以将自己的一些研究上传到论坛，供大家参考，这样就可以拓宽学术领域，为大多数科研人员发挥有效的能动性，可以为图书馆增添更多的信息资源。当然，用户上传的信息各有不同，图书馆应该发挥组织和筛选能力，去粗取精、去伪存真，最终得到可利用的资源。这就是大数据时代图书馆发展的一个方向。

二、信息资源组织的转变

所谓信息组织是指信息工作人员采用信息技术对数据进行采集、加工、存储和分析应用，形成一个可利用的系统的过程。由于大数据的数据结构复杂，种类繁多，其中包括结构化数据、半结构化数据和非结构化数据，对这些数据进行处理存在一定的难度，传统的数据处理方式无法满足大数据时代的要求，只能采取更加个性化的方式来处理这些数据。

（一）基于用户需求的信息资源建设与服务模式

用户需求是图书馆立足的重要支撑，直接制约着图书馆的生存与发展能力，决定着图书馆的存在价值，其需求度与图书馆的服务态度、质量、速度、价格密切相关。图书馆的用户服务能力与用户需求的匹配程度是衡量图书馆发展水平的依据。为此，高校图书馆的信息服务应始终密切关注用户的需求变化，随时了解信息用户的需求特征，以用户需求规律为指导，准确、动态地分析和把握不同时期用户的信息需求，并以此为出发点，寻求资源建设的合理结构和服务实践的最佳模式，为教学和科研构筑科学、良性的信息服务平台。

1.关注用户的信息触角、需求变化使资源建设更加科学合理，深入组织、挖掘与建设文献信息资源是高校图书馆信息服务的核心

随着图书馆的网络化和数字化发展，各高校图书馆的馆藏资源更多地涉足数字化的网络资源和各种载体文献资源的深度开发，并且所占的馆藏比例逐年增加。基于数字化资源更新速度之快，高校图书馆除了继续强化印刷型文献资源建设之外，还应密切关注读者的信息触角、信息倾向、阅读数量、需求层次、满足程度以及利用方式等需求变化，指导馆藏的数字资源建设，使其更加适应读者的需求，支持当前本科生和研究生课程的教学与研究需要，支持学校科研机构当前研究方向和可预见的未来研究方向，使资源建设既保证重点学科、专业的深度、层次，又兼顾一般专业的覆盖范围，同时与馆藏印刷型文献构成互补，构筑一个数量多、品种全、学科广、具有一定规模的科学的馆藏体系。

2.强化高校图书馆主页功能建设，深度开发各种载体文献资源

高校图书馆主页是学校的信息中心，也是高校图书馆用户获取资源服务与学习的平台。

高校图书馆主页不仅要体现馆藏资源层次清晰、内容全面，更要体现对各种载体资源的深度开发与组织、引导及衔接。换句话说，高校图书馆主页应该全面地涵盖与读者需求相关的知识领域，并且要具有一定的深度，保持常新状态，在满足读者日常信息查询与常规目录检索的同时，强化功能建设，拓宽主页的功能模块，提供智能化资源平台和智能化服务手段。如整合业务流程中的联机目录、数字化资源和文献传递等工作环节，建立智能的跨平台和跨库检索，实现用户在同一界面对多个异构数据库进行的一站式文献检索；序化网络信息资源，汇集同一主题的网络信息资源，集中同一责任者不同的网络信息资源，连接不同载体的同一文献信息资源，把无序的网络空间高度整合为有序的资源馆藏。通过对信息时空超过读者分析和处理能力的混杂、淤积、拥挤、无序和过剩的问题信息的信息过滤、重组、优化、增值的整理和加工，建立高效能的与信息时空同步的知识时空，站在用户动态需求的角度构造知识全息图景，使读者从宏观上把握复杂的知识板块、知识脉络和知识的新陈代谢，有效解决信息无限增长与读者接受、处理信息能力有限的尖锐矛盾；开拓深层次的文献传递，通过文献传递工作站，建立资源图书馆与用户之间的连接纽带，使用户获得的信息不再局限于本馆馆藏。

3. 建立满足用户需求的全方位信息资源保障模式

随着文献数量的海量增长和网络环境信息的无边与无序，任何一个图书馆都无力做到信息资源的自给自足，必须依靠整个社会信息服务系统，成为整体系统的一部分。高校图书馆应制定科学的信息政策和信息资源发展规划，加强各资源馆之间的强强联合，彼此互通，加强与信息服务机构的分工协作，进行信息资源的协调采购、共建共享、联合保障。

具体建立途径为：建立各具特色的馆藏体系，实行分工收藏，从而建立分布合理、保障有效的文献信息资源体系。开展联合编目，共建联合目录数据库，共享书目数据资源，优化人力资源。合作进行馆藏文献数字化，集中技术优势，为建设全国性高校图书馆网络，形成全国高校图书馆发展互动的良性循环奠定基础。充分利用网络平台开展服务，各资源图书馆及时发布本馆信息，相互提供网上预约外借、文献传递以及参考咨询等服务。

总之，基于网络环境下文献信息资源领域所发生的各种变化，高校图书馆信息资源建设与服务模式应紧跟高校图书馆用户的信息需求，只有这样，才能推动资源建设理论和服务实践健康、持续发展。

（二）个性化信息服务模式

1. 一般性的信息推送服务

一般性的信息推送服务，就是从图书馆信息资源库里提炼出一些满足特定用户需求的信息，采用 Push 推送技术，定期或经常性地将相关信息推送给用户的信息服务方式。一般性信息推送服务的实际应用体现在以下两个方面：

（1）信息资源的特定小群体推送。所谓特定小群体是指具有一定特殊性的、相对稳定的群体，如重点学科教师。

（2）面向大众的信息推送。图书馆经常有各种信息需要向读者发布，如各种文件、通知等，通过 E-mail 可以同时对所有用户发送指定信息，实现面向大众的信息发布。在用户访问图书馆网站时，会弹出"通知"窗口，提醒用户关注。图书馆还可以借此开展各种相关调查工作，如"文献检索课质量调查""读者信息需求调查"等。信息推送服务体现了图书馆主动服务的精神，为用户节省了时间和精力。但是有时由于对用户缺乏深入细致的调查，不完全掌握其信息需求的变化，会导致推送的信息"个性化"不明显，对部分用户可能还会出现信息给过量的现象。

2. 开展网络导航资源库的建设

社会信息化进程的加快使得网络信息的数量呈指数级数增加，用户对信息资源已经从距离障碍转变为选择障碍。尽管目前出现了各种网络搜索引擎，但由于其智能化水平不高，用户更需要专业导航来精准检索范围。建立专题化信息导航系统，主要是通过咨询馆员对网上各种学科专题的数据库和电子资源等进行筛选、过滤、控制，组织具有专题化特色的网络信息地址资源库，供专业用户选择。

3. 提供教学资料的在线或数据库支持

教师是高校图书馆服务的主要对象之一，图书馆可以在网站上设置相关的栏目，进行网上课件、教学资料、课程录音的相关链接，提供核心课程的网上教材版本，使教师和学生可以从网上获取所需的信息作为参考。在这方面，美国罗切斯特大学图书馆的 Course Resources 做得较早也较成功，Course Resources 系统，主要针对学校本科生所开课程提供动态的管理页面，满足了大部分学生的信息需求。如该系统的个性化链接，不按传统的学科分类链接，而是以教授的课程提纲作为链接点，方便学生与教师进行交流；个性化网页，在每门课程的网页上提供课程代码、开课学期、系科名称、教授姓名、E-mail 地址以及教授的课程主页。河海大学图书馆带头研发的"本科教学资源管理系统"，为教师和学生提供了一个交流平台，这些都值得借鉴。可以围绕教学的需要，主动征集教学资料，不断充实和更新栏目内容，为教师教学和学生在线学习提供方便。或者以特色数据库形式，将课件、课程录音等进行组织、加工，并不断完善，为教学和学习提供支持。

4. 开展网上专业化定题服务

网上专业化定题服务是传统 SDI（定题服务）在网络环境下的进一步深化和体现，即面向特定用户的重点科研课题的特征化需求，通过用户信息描述和问题环境分析，有针对性地向用户提供经过挖掘、分析、重组的信息的一种服务。开展定题服务的前提是做好重点用户的跟踪服务，重点用户即在教学和科研中起带头作用的教师和教授，在建立重点用户档案的基础上，发现并跟踪他们的研究方向、兴趣等，分析、提炼出他们信息需求的特点，主动提供信息服务。如开展课题跟踪服务，根据课题立项、开展、结题等不同阶段的研究重点，咨询馆员应有针对性地提供可行性研究报告、专题文献索引、原始文献提供等服务。专业化网上定题服务注重与用户的知识交流和沟通，主要是通过信息推送技术和在线服务等手段来实现与用户的信息互动，能够有效地推动学科建设的发展。

5. 建立虚拟培训课堂

建立虚拟培训课堂是中小型高校图书馆开展个性化信息服务的一个灵活、有效的途径。具体做法就是在网上开辟信息检索培训课堂，为用户提供诸如"系统使用和操作""数据库资源检索"等常见和实用问题的网上信息培训服务，让用户在任何一个计算机终端都能得到所需要的帮助，通过自学得到在线教育。目前许多大学图书馆网站上都设立了相关栏目。建立虚拟课堂的关键是编写好网络教材，教材宜简洁、通俗、易用、循序渐进。网上虚拟课堂不仅可以普及信息检索知识，还可以普及信息检索技术与技巧，同时也是图书馆自身良好的宣传手段。

6. 发现和利用开放存取资源

开放存取（Open Access，OA）近年来发展形式很快，对于用户来说，OA就是一种免费的学术资源。高校图书馆有责任将大量、分散的OA资源进行整理和揭示，补充本馆数字馆藏，提高电子资源的利用率。具体做法之一是建立OA资源地址导航，收集OA地址，建立超链接，在本馆网站上开辟专门窗口，为用户进行推荐、提供指引，使师生和科研人员在访问图书馆网站时可以方便地使用OA资源。如首都师范大学图书馆的"资源与检索"栏目里有"免费资源"项目，列举了41个免费学术网站；华东师范大学图书馆网站"电子资源"栏目的网络数据库表单里按类列举了一些免费资源；还可以将OA资源与本馆数字资源进行整合，根据本院（校）所设的重点学科，确定收集范围，然后对收集到的OA资源进行分析，下载选中篇目，再投入时间和精力进行分类、加工，转换数据存储格式，实现与本馆数据库的互操作，最后将其编制、存储在本馆书目索引或本馆特色数据库中。通过为用户提供有学术价值的、经过整理的信息资源，来提高知识服务的水平和质量，满足用户的不同需求。

7. 开展个性化信息服务应注意的问题

（1）选好切入点

各高校图书馆信息资源、技术和人员条件不同，要注意从本馆实际出发，选好切入点，因"校"制宜，量力而行，脚踏实地地开展一些适合本校信息用户的服务方式。各大学图书馆应视自身的各项条件，选定特定用户、主题或者任务，在开展的个性化信息服务中尽量减少系统使用中的复杂性和用户的花费，提高信息检索大众化的程度；同时也要量力而行，使图书馆有限的信息资源和人员优势发挥最大的功效。比如建设特色数据库，中小型高校图书馆可以从小规模的特色数据库开始，逐步扩展；建设学科导航数据库，可以先确定内核，然后用"滚雪球"的方式逐步加以完善。

（2）做好用户信息需求分析，建立用户信息库

受专业方向、个人信息能力等因素的影响，用户的信息需求存在一定的差异性，这种需求的差异直接导致了服务手段的个性化。开展个性化服务的前提是调研用户个性化的信息需求，尤其是重点用户（如学科带头人、课题申报人员等）的信息需求，并将调查结果进行整理、分析、分类，建立档案，准确地把握信息用户的个性特征和需求特征，为推行适当的个性化信息服务提供依据，并据此及时调整服务的方向和内容。用户信息收集和建库是开展个性化信息服务的前提，用户信息是否全面、准确，直接关系到用户需求信息挖掘的准确性和全面性，并最终影响服务质量和服务效果。

（3）加强技术学习和研究应用，提高馆员综合素质

中小型高校图书馆的实情是相对落后于大的院校的，所以要想做好个性化信息服务工作，必须加强技术的学习和研究工作，这样才不至于使服务工作停留在表面。必须组建支持个性化服务的知识团队，这个团队的主要成员是图书馆员，还包括校内各院的专家等。图书馆馆员除应具备图书馆学的基础理论、较高的外语水平外，还必须具有良好的信息意识和获取信息的能力，要有信息创新能力，能对文献信息进行再开发和深加工，还要有很强的科研能力，能深入进行理论探讨。为达到此目标，可以借鉴其他国内外大学图书馆的先进经验和已经取得的成果，结合本院（校）实际情况开展个性化信息服务。

（4）加大宣传力度，推广个性化信息服务

在开展个性化信息服务的同时，还应多加以宣传，提高信息检索的大众化程度。不进行宣传，很多教师和学生就可能不知道图书馆具体开展哪些新服务，个性化信息服务的主动精神无法得到体现，这项服务工作的意义也将受到影响。

个性化服务提高了高校图书馆服务质量和信息资源的利用效益。当今教育，是一个洋溢着生命活力的过程。在这个过程中，教育者要努力培养学生终身学习的方法、能力、习惯和信念，使他们学会独立思考，认真领悟和体验生命的意义和价值，使每个生命的个性优势和潜能得到充分的发挥。随着信息载体技术、信息处理技术和信息传输技术的飞速发展，图书馆正在步入全新的读者服务时代。现代图书馆在网络信息环境下，为了满足读者个性化和多样化的信息需求，处处从读者需求出发，提供周全、及时的各种服务，使读者能淋漓尽致地享受知识和信息带来的快感。

信息的个性化服务可以分两层来理解：首先，它应该是能够满足用户的个体信息需求的一种服务；其次，个性化信息服务应该是一种培养个性、引导需求的服务，它可以帮助个体培养个性、发现个性，引导需求，促进社会的多元化发展。高校图书馆个性化服务的理念就是"以人为本"，通过研究读者的行为、兴趣、爱好和习惯，为他们搜索、组织、和选择更具针对性内容的信息服务。它的核心是提供符合读者愿望的帮助，使其满意。过

去，高校图书馆主要功能是储藏文献资源，以馆藏规模作为衡量图书馆质量高低的标准；而网络环境下，高校图书馆要更新观念，树立现代信息服务的意识。

高校图书馆的信息个性化服务还包括在网络环境下，用户可以借助网络提供的一套工具来构建自己的个人馆藏，以满足用户特定任务的需求，同时提高检索效率。个性化信息服务开创了"用户需要什么，我就提供什么"的发展模式。网络信息资源是取之不尽、用之不竭的知识财富，要靠大家去不断地开发和挖掘。

个性化信息服务系统的开发开拓了图书馆服务的新领域，使图书馆的服务质量得到有效的提高，同时也注重读者的个性，适应了现代教育的步伐。随着数字技术的不断发展和完善，图书馆应充分利用现代信息技术的潜力，开拓创新，创建信息服务的新领域，使数字环境下的图书馆个性化信息服务工作不断步入可持续发展的新阶段。

第五章 大数据时代高校图书馆信息服务创新内容

随着计算机技术、网络技术的快速发展，信息时代以此为基础迅猛发展，而且，每时每刻由计算机、网络等产生的大量信息，推动了大数据时代的到来。大数据时代的到来，不仅深刻地影响了人们的生活、工作方式以及思维，也在一定程度上影响了图书馆的生存和发展。可以说，大数据时代对完善图书馆服务体系和提高图书馆服务质量具有重要作用，但也给图书馆带来了巨大挑战。数字技术的迅猛发展，如云计算、互联网等，掀起了网络信息技术发展浪潮，推动了世界范围内大数据时代的到来，尤其是大数据技术研发投入的加大，更是双重冲击了知识经济和网络化数字化。大数据不仅使人们获得新认知、创造新价值，还在一定程度上改变了市场、组织机构，而且为图书馆自动化发展提供了技术支持。在大数据时代背景下，图书馆管理和服务升级不断得到推动，其服务方式、资源存储等也发生了巨大变化，同时也受到了一定的影响和挑战，需不断创新服务模式，提高服务质量，才能促进图书馆持续健康发展。

在大数据时代，图书馆不能仅仅停留在固有的信息保存、开发与利用上还要对复杂的数据进行正确的分析与处理，因而图书馆本身拥有了更大的挑战性，其发展方向和研究选题就是要利用大数据技术去挖掘、识别、组织与分析如隐含在用户行为中的结构化、半结构化数据信息，寻找他们的隐性诉求进而改进、改善图书馆服务，同时还要准确预测未来的服务趋势和读者的最新动向，以满足读者日益多元化的需求，实现图书馆资源的最优化配置。

美国曾对大数据进行了认真分析与研究，认为数据已经渗透到了每一个行业与业务职能领域，对各方面都产生着十分广泛而深刻的影响，对人们的生产要素产生着重要的作用，而人们对于大数据的应用将代表着新型消费模式的转变，其中麦肯锡在《大数据：创新、竞争和生产力的下一个前沿领域》中就提出了这一概念。随后，不同的业界对大数据有着不同的定义和解释，但是综合多种定义而言，人们对于大数据的共识就是体现在一个"大"字上，大数据中的"大"不仅仅指的是数据资源信息的多而复杂，而且还代表数据信息的多样化，赋予了更多的价值意义。为此，IDC 总结了大数据具有的"4V"特性，即种类多（Variety）、流量大（Velocity）、容量大（Volume）和价值高（Value）。大数据的这些特性也决定了其隐藏的深刻理念，具体如：①大数据时代的主要特征和业务就是要对数据信息进行深层次的挖掘与分析，发现新的价值。②数据具有多样性和复杂性。③一种新兴的产业便是对大量的数据进行处理。大数据本身所具备的这些特点将有可能改变 IT 架构，尤其是对数据项目比较多的技术运用环节将产生重要的影响。而图书馆与数据分析在数据对象和价值取向等方面有着诸多共同点，因而大数据时代的到来必将对图书馆产生重要的影响。

美国《纽约时报》曾宣称，"大数据时代"已经降临，庞大的新数据来源所带来的量化转变将引发一场革命，大数据正对每个领域都造成影响。麦肯锡报告也指出，数据已经渗透到每一个行业和业务职能领域，逐渐成为重要的生产要素。大数据也称海量数据，指的是所涉及的数据量规模巨大到无法通过人工在合理时间内截取、管理、处理，并整理成为人类所能解读的信息。

大数据与我们的日常生活息息相关，酷狗音乐可以通过相似的用户群体推断出每个年龄阶段的用户最喜欢哪首歌，甚至喜欢什么样的电影；迪卡侬可以通过各地店铺销售数据的整合分析，准确地判断出各地消费者对运动品牌的不同喜好，从而智能地调配各地的库存备货策略；淘宝网更是能够预测每位用户可能感兴趣的商品是什么，由此可以针对每位用户进行个性化的推荐服务。简单地针对某一用户行为分析可能产生的价值不大，但是针对一个极大群体的用户进行行为分析，往往可以从趋势上得到价值较大的预测结果。图书馆正好需要针对庞大的读者规模，利用大数据技术去挖掘、识别、组织与分析读者行为中的结构化与半结构化数据信息，寻找他们的隐性诉求，以此改进服务，满足读者的知识挖掘、知识评价、数据分析等增值服务需求，这样可以达到图书馆资源、服务与读者需求的双向理想控制，这已成为提高图书馆服务体系的一条捷径。

第一节　高校图书馆大数据整合系统平台

随着互联网上各类数据的数量、类型、价值、速度以及人们对于数据价值挖掘的加速，大数据时代正在快速向我们走来。科学数据是人类社会在从事与科学和技术相关的各类活动，包括科学研究活动、教育教学活动、生产活动、管理活动、人类健康活动、生活活动等过程中所产生的基本数据、实验数据、试验数据、观测数据、探测数据、调查数据、资料数据等各类数值型、事实型和文字型的原始基本数据，以及按照不同的科研需求经过系统加工而生成的科学数据产品和相关的科学数据信息的总和。科学数据资源属于信息资源的范畴，与科研论文和其他各种类型的学术科研成果一样，它也是一种重要的科研成果产出。同时，它又是科学研究不可或缺的重要组成部分。近年来，科学数据的数量正在呈现指数级的增长态势。由于科学数据具有明显的现实价值、潜在价值和可再度开发利用价值，并在应用过程中使得科学数据信息资源得到增值，因此，它已经成为现代信息社会和大数据时代最基本、最活跃，影响范围越来越广泛的一种科技信息资源类型。

国际和国内以通过互联网免费全文获取各类信息资源为基本特征的开放获取运动取得了快速发展，开放获取发挥的重要作用激发了科研人员，对除学术期刊和学术论文以外其他类型信息资源也要开放获取的需求。因为科研人员希望真正的开放获取不仅是对文献信息资源全文或原文的开放获取，还应该包括对相关科学数据的开放获取，而这也恰好吻合了大数据时代到来的步伐。而来自国家政府、科研机构、研究基金组织、各专业学会和协会，以及期刊出版联盟组织在内的政策推动，则成为推动科学数据进入开放共享行列的动力。正是上述机构陆续出台的开放科学数据的管理政策、开放政策、资源共享政策，加速促进了科学数据的开放保存、开放访问和开放利用。科学数据的开放共享会营造出更为丰富的开放科学数据环境，使科研人员能够轻松地发布、发现、访问、下载获取和使用开放科学数据资源。

大数据是 IT 业颠覆性的技术变革，大数据的影响主要表现在图书馆的各个流程方面的影响，其中包含信息的存储、组织、生产、利用以及加工，大数据对于图书馆的各个方面的影响都比较明显。大数据的建设以及途径能够对全新的服务体系做出相应的贡献。大数据在图书馆的数字资源的建设之中主要的作用，主要表现在以下几个方面：

（1）分析和深刻挖掘读者相关的数据。图书馆的服务主要是面向读者进行服务，所以对与读者行为相关的数据与统计进行分析，能够促进相关的服务进行个性化以及深度的确立和实施；

（2）利用大数据挖掘技术，图书馆相关的资源重新建设以及构建确立。对图书馆的数据进行挖掘整理以及建设；

（3）相关辅助以及决策的能力的确立和开发，图书馆管理创新的有效途径。

（4）帮助建立智慧型图书馆。大数据主要是因为 IT 技术的发展使得相关的图书馆数据服务出现不同的改变，其中大数据的改变主要有着 RFID 和各类传感器的应用，这些应用能够使得高校图书馆的数字资源的建设成为智慧型的图书馆。

（5）转变图书馆数据库的服务模式，使得图书馆的数据库服务商的自动化和数据库的服务向传统的模式以及云计算和云架构转化；例如，在以色列艾利贝斯有限公司（ExLibris）开发的 Aleph 系统（美国国会图书馆、中国国家图书馆等大型馆均使用该系统），在最新的相关的研究成果之中已经推陈出新，从而设计出了新一代相关的图书馆管理模式。

（6）图书馆云存储系统快速推动建设。在高校图书馆的数字资源建设的过程之中，大数据的建设能够使得相关的图书馆保存的数字资源得到有力以及确实的科学支持，图书馆相关建设的最有利的存储方式，能够使得与图书馆相关的数据实现比较大的增长，并且能够有效地加强图书馆内部的云存储的相关的建设。

第二节　高校图书馆大数据环境特点与价值可用性定位

价值观是指导人的行为的一系列基本准则和信条。核心价值往往植根和渗透于组织发展的过程和层次，并影响组织的发展结果。国内图书馆界对核心价值的介绍和研究起步要晚于国外，始于 21 世纪初。由于现代信息技术的迅速发展和社会经济文化的日益提高，图书馆生存环境的急剧变化和国外图书馆界研究的关切等因素，国内学者也注意到了图书馆面临的生存挑战和发展压力，图书馆核心价值的探讨和确认研究，尤其是 2002 年以来，逐步成为业界关注的热点问题之一。不少专家和学者纷纷发表自己的观点和意见。

一、图书馆核心价值内涵

图书馆核心价值是服务效益，而不是别的事物，这一服务的性质是公共的、知识的服务，而不是别的服务。图书馆服务的根本性质在于公共文化服务与知识服务，这是人们普遍共识的。图书馆提供的公共信息是与公众利益密切相关的知识和资讯，它的获得主要依靠国家权力机关及政府事业部门的帮助。图书馆公共信息服务的一大特点就是社会共享，主要表现在三个方面：一是图书馆信息资源属于公共信息，公众从图书馆获得信息一般免费；二是提供这种公共信息必须通过人们易于接受的方式；三是图书馆服务工作不具有排他性或竞争性，读者使用、接受图书馆信息资源服务，并不影响或排斥他人，每个公民都可以自由、平等地利用图书馆。明确图书馆服务属于公共信息服务目的，正确履行自身的社会责任，实现和保障公民基本文化权益，满足公民基本文化需求以获得应有的社会服务效益，这是实现图书馆核心价值之所在。

二、图书馆核心价值体系

图书馆核心价值观是业界共同行为模式的信条、灵魂和指导原则，是行业哲学和判断是非的根本原则。图书馆核心价值的研究与确认，将极大地丰富图书馆学管理体系。图书馆学理论来自实践活动，又指导着实践活动的有序开展。正确的价值取向是指导学科理论深入发展的依据。图书馆核心价值是管理者为统一图书馆成员意志确定的价值标准，更是图书馆管理者为实现既定目标而形成的管理思想。图书馆核心价值是图书馆学基础理论的基石，影响着图书馆的工作行为与服务方式。图书馆核心价值的确认，有助于在理论上对图书馆进行功能定位，提高图书馆在文献服务领域的核心竞争力，进而推动图书馆在具体实践过程中，紧紧把握核心内涵，提升图书馆在社会文化中的价值，实现服务于社会的最终价值。

　　要考量大数据的价值，必须先了解大数据应用的环境。首先必须说明，"大数据"虽然在这一两年来因为互联网和信息行业的发展而变得异常火爆，但它并不是一个新鲜事物，追溯其历史，我们会发现在物理学、生物学、环境生态学等领域以及军事、金融、社会管理等行业都能找到它的足迹，"大数据"的存在已早有时日。显然，"大数据"不是单一行业的特有概念，要谈论大数据的价值，谈论大数据的应用环境，最合适的做法还是统而合一，无奈术业有专攻，上述提到的行业，领域，笔者均无参与，更谈不上研究，因此下文关于大数据的应用环境的讨论，我仅针对大数据在商业方面的应用进行泛泛而谈。这也恰好印证，大数据的价值和魅力可能很大，但也必须有能力去领悟。

　　大数据是为解决巨量复杂数据这种趋势而生的。巨量复杂数据有两个核心点，一个是巨量，另一个是复杂。"巨量"意味着数据量大，要实时处理的数据越来越多，对企业而言最重要的成本付出就是时间，而恰恰时间成本是企业最稀缺的资源。如今，创新讲的是领先他人，市场讲的是抢占先机，服务讲的是快客户一步，快时代的用户的需求是实时的，他不愿意等，你不满足他，自有他人会满足，因此企业的策略也必须是实时的，然而企业的策略是依托数据分析结果来制定的，一旦在处理巨量数据上耗费的时间超出了可承受的范围，这就意味着企业的策略是落后于市场的。任何的延迟都会使企业蒙受损失，创新落后于人成为微创新，市场被别人抢占只能作为挑战者，服务失去优势造成客户流失，这些都是致命的。大数据还有一个核心是"复杂"。"复杂"意味着数据是多元的，不再是过去的结构化数据了，因此我们过去的那一套数据分析的模型，理论已经不适用了，必须针对多元数据重新构建一套有效的分析理论、分析模型，甚至分析行为所依托的软硬件都必须进行革新。从这两个角度看来，大数据是企业在现在及未来的发展路上不可或缺的。

　　"大数据的资源太丰富，如果你没有明确的目标，就算没有走入迷途至少也会觉得非常迷茫"，确实，对于企业而言大数据很有必要，其可以实现的东西也很多，稍微梳理一下，大概包括：如支撑业务战略决策、提高顾客服务水平、通过销售获得客户、开发创新产品、强化财会业务、实现决策自动化、进行基础研究、产品功能监视和检测情况、强化内部治理等，基本上涵盖了企业所有的行为，这也就是大数据的价值所在。

　　以上所述有点偏于框架性，举个简单的例子，"如何利用大数据促进销售获得客户"？首先大数据能告诉策划人员什么样的实时优惠对某个用户更有效，基于此用户的偏好，哪种服务渠道能产生更好的服务效果，哪种支付方式能够快速实现交易达成，还可以分析说当一个潜在客户通过搜索关键词找到产品页面后，达成交易的可能性有多大，在每天／每周／每月／每季度，不同的节日的特定时间段中，哪种促销方式最有效，当一个用户被营销活动覆盖后，他实现购买的机会有多大，当一个用户完成购买后，其重复购买的机会有多大，其带动身边朋友实现购买的机会有多大，等等。对于销售方而言，大数据能够让他更加了解客户消费方式，如消费者的购物决策、影响决策的关键点，让他有能力提供定制的交易内容给高价值用户，让他有能力实时评估促销效果，还可以根据消费者习惯改变商品上架位置，等等；而对客户而言，大数据能使其从他人的评价了解更多商品信息，同时享受更多定制化和特有折扣优惠，能够实时使用消费分析工具进行评估，能够实现交易过程透明化等。

大数据内涵太大，全部展开讲的话将是一项庞大的工程，下面借用杂志《V-MARKETING 成功营销》中的文章《Big Data，大数据重塑营销》对于"大数据"商业企业在五大方面的价值体现的提炼和归纳：

（1）数据的高透明度及广泛可获取性。一些制造商正试图集成多种系统的数据，甚至从外部供应商和客户处获取数据来共同制造产品。以汽车这类先进制造行业为例，全球供应商生产着成千上万的部件。集成度更高的平台将使公司及其供应链合作伙伴在设计阶段就开始协作。

（2）决策验证对竞争方式的影响。大数据可能使决策制定发生根本性的改变。利用可控实验，公司可验证假设、分析结果以指导投资决策及运作改变。

（3）应用于广泛的实时的用户定制及其对企业的影响。面向用户的企业已长期利用数据来细分和定位用户。大数据实现了用户定制的质的飞跃，使得实时个性化成为可能。下一代零售商通过互联网点击流可跟踪个体用户的行为，更新其偏爱，并实时模仿其可能的行为。

（4）大数据对管理的改变及替代作用。大数据能进一步提高算法和机器分析的作用。一些制造商利用算法来分析自生产线的传感数据，创建自动调节过程以减少损失，避免成本高昂的人工干预，最终增加产出。

（5）建立基于数据的商业模型。大数据产生了新类型的公司，其能建立由信息驱动的商业模型。许多公司都在价值链中发挥中间作用，通过商业交易创建极具价值的"排出数据"。如一家运输公司收集了大量的全球产品出货信息，并专门建立一个部门负责向经济预测方销售数据。

"大数据对于企业人才计划的影响"，《天下无贼》中充满智慧的光头黎叔曾斩钉截铁地说："21 世纪什么最贵？人才！"这句话一度被众多管理者奉若经典，其揭示的是人才是企业的核心竞争力。当然，人才对于企业而言很重要，企业的大部分资源都存在于员工的大脑中，如企业人脉关系、方法理论、经验传承，而在大数据时代，人才的这种核心竞争力正在发生异化，数据成为企业最为重视的核心资产。员工的大脑不再是企业信息资源的核心载体，而是各种可随时调用的数据，企业的所有信息，事无巨细都可以通过各种录入终端形成数据的形式进行存储，然后通过有效的数据管理模型进行分析、导出。把数据收集处理后，其结果对企业而言就是经营智慧，这已经不只是科技层次问题，而是经营决策问题，"如何把矿（资料）炼成钢铁（智慧）是现在开始最严峻的挑战"。

一直以来，大数据的瓶颈并不是数据规模巨大导致的存储、运算等问题，而是在前端数据的收集途径，以及对数据进行结构化处理，进而引导后期的商业决策中的模型和算法问题。各个行业都在产生数据，现代社会的数据量正持续地以前所未有的速度增长着。这些不同类型的数据和数据型，极其复杂，包括结构化、半结构化和非结构化的数据。企业需要整合并分析来自复杂的传统和非传统信息源的数据，包括企业内部和外部的数据。随着传感器、智能设备和社会协同技术的飞速性增长，数据的类型变得难以计数，包括文本、微博、传感器数据、音频、视频等。

而现在大热的数据分析师正在做的是这样的工作：收集信息，将信息结构化数据化，最后才是我们能看到的大数据带来的神奇力量。但问题是对数据进行处理的工作量太大了。根据访谈和专家测算，数据分析师的 50%~80% 的时间都花在了处理数据上。

智能手环公司 Jawbone 负责数据工作的 Monica Rogati 说：处理数据是整项工作中巨大的部分。但有时我们感到沮丧，因为好像不停地处理数据就是我们做的所有事情。这听起来有点像冰山理论，即我们能看到的大数据只是冰山露出来的一个小角，而我们看不到的地方，如大数据的前期工作，就是海水下更巨大的部分。

存在问题的地方也潜藏着机会。原始数据的格式和来源不可计数，举一个例子，假如一家食品行业的企业需要进行大数据的收集和分析，它能收集的数据包括产量、出货的位置信息、天气报告、零售商每日销售量、社交媒体评论等。而根据这些信息，企业能够洞察出市场的风向和需求的变化，进而制订相应的产品计划。的确，获得的信息越多越有利于企业做出明智的决策。但这个决策是建立在不同的数据集之上的，这些来自各种传感器、文档、网页、数据库的数据，都是不同的格式，它们必须转换为统一的格式，这样软件才能理解它们，对其进行分析。

将各类数据进行格式统一是一个严峻的挑战，因为数据和人类语言一样都具有模糊性，有些数据人类知道是什么意思，但电脑却不能识别，因此我们需要人工来一次又一次地重复这个工作。大数据仍然需要大量的人工处理。现在已经有不少的初创公司试图开发相关的技术来减轻这项工作，例如 Clear Story Data，一家在帕洛阿尔托的初创公司，它开发的软件能识别不同的数据来源，将它们整合，并将结果用视觉方式呈现，如图表、图形或数据地图。再如 Paxata，一家加州的初创公司，专注于数据的自动化——发现、清理、调配数据，通过 Paxata 处理过的数据能被送入各种分析或可视化软件工具。

大数据目前的情况和计算机发展的轨迹有相似之处。一种先进的技术，最初往往只被几名精英掌握，但随着时间流逝，通过不断创新和投资，这项技术或者说工具，会变得越来越好。特别是当其融入商业领域后，这项工具就能得到广泛应用，成为社会中的主流。所以我们现在是历史的见证者，看着大数据如何一步步完善，我们都需要掌握或选择一个最佳的分析方法，更好地挖掘大数据的价值。

第三节　高校图书馆大数据可用性面临的挑战与保障

大数据挑战和机遇并存，大数据在未来几年的发展将从前几年的预期膨胀阶段、炒作阶段转入理性发展阶段、落地应用阶段，大数据在未来几年将逐渐步入理性发展期。未来的大数据发展依然存在诸多挑战，但前景依然非常乐观。

一、大数据发展的挑战

目前大数据的发展依然存在诸多挑战，包括七大方面的挑战：业务部门没有清晰的大数据需求导致数据资产逐渐流失；企业内部数据孤岛严重，导致数据价值不能充分挖掘；数据可用性低，数据质量差，导致数据无法利用，数据相关管理技术和架构落后，导致不具备大数据处理能力，数据安全能力和防范意识差，导致数据泄露；大数据人才缺乏导致大数据工作难以开展；大数据越开放越有价值，但缺乏大数据相关的政策法规，导致数据开放和隐私之间难以平衡，也难以更好地开放。

（一）业务部门没有清晰的大数据需求

很多企业业务部门不了解大数据，也不了解大数据的应用场景和价值，因此难以提出大数据的准确需求。由于业务部门需求不清晰，大数据部门又是非营利部门，企业决策层担心投入比较多的成本，导致了很多企业在搭建大数据部门时犹豫不决，或者很多企业都处于观望尝试的态度，从根本上影响了企业在大数据方向的发展，也阻碍了企业积累和挖掘自身的数据资产，甚至由于数据没有应用场景，删除很多有价值历史数据，导致企业数据资产流失。因此，这方面需要大数据从业者和专家一起，推动和分享大数据应用场景，让更多的业务人员了解大数据的价值。

（二）内部数据孤岛严重

启动大数据最重要的挑战是数据的碎片化。在很多企业中尤其是大型的企业，数据常常散落在不同部门，而且这些数据存在不同的数据仓库中，不同部门的数据技术也有可能不一样，这就导致企业内部自己的数据都无法打通。如果不打通这些数据，大数据的价值则非常难挖掘。大数据需要不同数据的联络和整合才能更好地发挥理解客户和理解业务的优势。如何将不同部门的数据打通，并且实现技术和工具共享，才能更好地发挥企业大数据的价值。

（三）数据可用性低，数据质量差

很多中型以及大型企业，每时每刻都在产生大量的数据，但很多企业在大数据的预处理阶段很不重视，导致数据处理很不规范。大数据预处理阶段需要抽取数据把数据转化为方便处理的数据类型，对数据进行整理和去噪，以提取有效的数据等操作。甚至很多企业在数据上报时就会出现很多不规范不合理的情况。以上种种原因，导致企业数据的可用性差，数据质量差，数据不准确。而大数据的意义不仅仅是要收集规模庞大的数据信息，还要对收集到的数据进行很好的预处理，才有可能让数据分析和数据挖掘人员从可用性高的大数据中提取有价值的信息。Sybase 的数据表明，高质量的数据的应用可以显著提升企业的商业表现，数据可用性提高 10%，企业的业绩至少提 10%。

（四）数据相关管理技术和架构

技术架构的挑战包含以下几方面：（1）传统的数据库部署不能处理 TB 级别的数据，快速增长的数据量超越了传统数据库的管理能力。如何构建分布式的数据仓库，并可以方便扩展大量的服务器成为很多传统企业的挑战；（2）很多企业采用传统的数据库技术，在设计之初就没有考虑数据类别的多样性，尤其是对结构化数据、半结构化和非结构化数据的兼容；（3）传统企业的数据库，对数据处理时间要求不高，这些数据的统计结果往往滞后一天或两天才能统计出来。但大数据需要实时处理，进行分钟级甚至是秒级计算。传统的数据库架构师缺乏实时数据处理的能力；（4）海量的数据需要很好的网络架构，需要强大的数据中心来支撑，数据中心的运维工作也将成为挑战。如何在保证数据稳定、支持高并发的同时，减少服务器的低负载情况，成为海量数据中心运维的一个重点工作。

（五）数据安全

网络化生活使得犯罪分子更容易获得关于人的信息，也有了更多不易被追踪和防范的犯罪手段，可能会出现更高明的骗局。如何保证用户的信息安全成为大数据时代非常重要的课题。在线数据越来越多，黑客犯罪的动机比以往来得更为强烈，一些知名网站密码泄露、系统漏洞导致用户资料被盗等个人敏感信息泄露事件已经警醒我们，要加强大数据网络安全的建设。另外，大数据的不断增加，对数据存储的物理安全性要求会越来越高，从而对数据的多副本与容灾机制也提出更高的要求。目前很多传统企业的数据安全令人担忧。

（六）大数据人才缺乏

大数据建设的每个环节都需要依靠专业人员完成，因此，必须培养和造就一支掌握大数据技术、懂管理、有大数据应用经验的大数据建设专业队伍。目前大数据相关人才的欠缺将阻碍大数据市场发展。大数据的相关职位需要的是复合型人才，能够对数学、统计学、数据分析、机器学习和自然语言处理等多方面知识综合分析。未来，大数据将会出现约 100 万的人才缺口，在各个行业大数据中高端人才都是炙手可热的，涵盖了大数据的数据开发工程师、大数据分析师、数据架构师、大数据后台开发工程师、算法工程师等多个方向。因此需要高校和企业共同努力去培养和挖掘。目前最大的问题是很多高校缺乏大数据，所以拥有大数据的企业应该与学校联合培养人才。

（七）数据开放与隐私的权衡

在大数据应用日益重要的今天，数据资源的开放共享已经成为在数据大战中保持的关键。商业数据和个人数据的共享应用，不仅能促进相关产业的发展，也能给我们的生活带来巨大的便利。由于政府、企业和行业信息化系统建设往往缺少统一规划，系统之间缺乏统一的标准，形成了众多"信息孤岛"，而且受行政垄断和商业利益所限，数据开放程度较低，这给数据利用造成极大障碍。另外制约我国数据资源开放和共享的一个重要因素是政策法规不完善，大数据挖掘缺乏相应的立法。无法保证共享又防止滥用。因此，建立一个良性发展的数据共享生态系统，是我国大数据发展需要迈的一道坎儿。同时，开放与隐私如何平衡，也是大数据开放过程中面临的最大难题。如何在推动数据全面开放、应用和共享的同时有效地保护公民、企业隐私，逐步加强隐私立法，将是大数据时代的一个重大挑战。

二、大数据发展趋势

虽然大数据仍在起步阶段，存在诸多挑战，但未来的发展依然非常乐观。大数据的发展呈现八大趋势：数据资源化，将成为最有价值的资产；大数据在更多的传统行业的企业管理落地；大数据和传统商业智能融合，行业定制化解决方案将涌现；数据将越来越开放，数据共享联盟将出现；大数据安全越来越受重视，大数据安全市场将越发重要；大数据促进智慧城市发展，为智慧城市的引擎；大数据将出现一批新的工作岗位和相应的专业；大数据在多方位改善我们的生活。

（一）数据资源化，将成为最有价值的资产

随着大数据应用的发展，大数据价值得以充分体现，大数据在企业和社会层面成为重要的战略资源，数据成为新的战略制高点，是大家抢夺的新焦点。《华尔街日报》在一份题为《大数据，大影响》的报告中宣传，数据已经成为一种新的资产类别，就像货币或黄金一样。Google、Facebook、亚马孙、腾讯、百度、阿里巴巴和360等企业正在运用大数据力量获得商业上更大的成功，并且金融和电信企业也在运用大数据来提升自己的竞争力。我们有理由相信大数据将不断成为机构和企业的资产，成为提升机构和企业竞争力的有力武器。

（二）大数据在更多的传统行业的企业管理落地

一种新的技术往往在少数行业应用取得了好的效果，对其他行业有强烈的示范效应。目前大数据在大型互联网企业已经得到较好的应用，其他行业的大数据尤其是电信和金融也逐渐在多种应用场景取得效果。因此，我们有理由相信，大数据作为一种从数据中创造新价值的工具，将会在许多行业的企业得到应用，带来广泛的社会价值。大数据将帮助企业更好地理解和满足客户需求和潜在需求，更好地应用在业务运营智能监控、精细化企业运营、客户生命周期管理、精细化营销、经营分析和战略分析等方面。企业管理既有艺术也有科学，相信大数据在科学管理企业方面有更显著的促进作用，让更多拥有大数据的企业实现智慧企业管理。

（三）大数据和传统商业智能融合，行业定制化解决方案将涌现

来自传统商业智能领域者将大数据当成一个新增的数据源，而大数据从业者则认为传统商业智能只是其领域中处理少量数据时的一种方法。大数据用户更希望能获得一种整体的解决方案，即不仅要能收集、处理和分析企业内部的业务数据，还希望能引入互联网上的网络浏览、微博、微信等非结构化数据。除此之外，还希望能结合移动设备的位置信息，这样企业就可以形成一个全面、完整的数据价值发展平台。毕竟，无论是大数据还是商业智能，目的都是为分析服务的，数据全面整合，更有利于发现新的商业机会，这就是大数据商业智能。同时，由于行业的差异性，很难研发出一套适用于各行业的大数据商业智能分析系统，因此，在一些规模较大的行业市场，大数据服务提供商将会以更加定制化的商业智能解决方案提供大数据服务。我们相信更多的大数据商业智能定制化解决方案，将在电信、金融、零售等行业出现。

（四）数据将越来越开放，数据共享联盟将出现

大数据越关联越有价值，越开放越有价值。尤其是公共事业和互联网企业的开放数据将越来越多。我们看到，美国、英国、澳大利亚等国家的政府都在政府和公共事业的数据开放上做出努力。而国内的一些城市和部门也在逐渐开展数据开放的工作。对于不同的行业，数据越共享越有价值。如果医院想获得更多病情信息库以及药效信息，那么就需要全国，甚至全世界的医疗信息共享，从而可以通过平台进行分析，获取更大的价值。我们相信数据会呈现一种共享的趋势，不同领域的数据联盟将出现。

（五）大数据安全越来越受重视，大数据安全市场将越发重要

随着数据价值越来越重要，大数据的安全隐患也将会逐渐被重视。网络和数字化生活也使得犯罪分子更容易获取关于他人的信息，也有更多的骗术和犯罪手段出现，所以，在大数据时代，无论对于数据本身的保护，还是对于由数据演变的一些信息的安全，对大数据分析有较高要求的企业将至关重要。大数据安全是跟大数据业务相对应的，与传统安全

相比，大数据安全的最大区别是安全厂商在思考安全问题的时候首先要进行业务分析，并且找出针对大数据的业务的威胁，然后提出有针对性的解决方案。比如，对于数据存储这个场景，目前很多企业采用开源软件（如 Hadoop 技术）来解决大数据问题，由于其开源性，其安全问题也是非常突出的。因此，市场需要更多专业的安全厂商针对不同的大数据安全问题来提供专业的服务。

（六）大数据促进智慧城市发展，为智慧城市的引擎

随着大数据的发展，大数据在智慧城市将发挥着越来越重要的作用。由于人口聚集给城市带来了交通、医疗、建筑等各方面的压力，需要城市能够更合理地进行资源布局和调配，而智慧城市正是城市治理转型的最优解决方案。智慧城市是通过物与物、物与人、人与人的互联互通能力、全面感知能力和信息利用能力，通过物联网、移动互联网、云计算等新一代信息技术，实现城市高效的政府管理、便捷的民生服务、可持续的产业发展。智慧城市相较于之前数字城市概念，最大的区别在于对感知层获取的信息进行了智慧的处理。由城市数字化到城市智慧化，关键是要实现对数字信息的智慧处理，其核心是引入了大数据处理技术。大数据是智慧城市的核心智慧引擎。智慧安防、智慧交通、智慧医疗、智慧城管等，都是以大数据为基础的智慧城市应用领域。

（七）大数据将催生一批新的工作岗位和相应的专业

一个新行业的出现，必将在工作职位方面有新的需求，大数据的出现也将推出一批新的就业岗位，例如，大数据分析师、数据管理专家、大数据算法工程师、数据产品经理等。具有丰富经验的数据分析人才将成为稀缺的资源，数据驱动型工作将呈现爆炸式的增长。而由于有强烈的市场需求，高校也将逐步开设大数据相关的专业，以培养相应的专业人才。企业也将和高校紧密合作，协助高校联合培养大数据人才。

（八）大数据在多方位改善我们的生活

大数据不仅用于企业和政府，也应用于我们的生活。在健康方面：我们可以利用智能手环监测，对我们的睡眠模式来进行追踪，了解睡眠质量；我们可以利用智能血压计、智能心率仪远程地监控身在异地的家里老人的健康情况，让远在他方的异地工作者更加放心。在出行方面：我们可以利用智能导航出行 GPS 数据了解交通状况，并根据拥堵情况进行路线实时调整。在居家生活方面：大数据将成为智能家居的核心，智能家电实现了拟人智能，产品通过传感器和控制芯片来捕捉和处理信息，可以根据住宅空间环境和用户需求自动设置控制，甚至提出优化生活质量的建议，如冰箱可能会在每天一大早对我们当天的菜谱提出建议。

第四节　高校图书馆大数据资源共享

随着网络技术的迅猛发展，对传统的文献资源形成了革命性的影响，利用互联网检索电子资源成了信息时代图书馆读者服务的标志模式，而集检索方便、准确、快捷等优势于一体的各种数据库，被越来越多的高校用户所喜爱，甚至于依赖。大额的采购资金对于一些高校来说也是不小的经济压力，因此，资源共享这个概念也被频繁地提出。在新形势下，对构建区域性高校图房馆资源共享体系的研究，就成了一个新的课题，这也是近年来图书馆界、政府和社会关注的热门话题之一。

一、高校图书馆资源共享现状及重要作用

（一）高校图书馆资源共享现状

高校图书馆资源共享的研究由来已久，不仅有大量的理论研究成果，而且借助互联网及网络技术，对具体实践工作产生了很大的影响，这方面的理论与实践研究成果很多。近年来，我国信息资源共建共享也取得了重要进展，CALIS、NSTL、CASHL等共建共享联盟正在成功运行中。但我们也应注意，信息资源共建共享涉及不同类型、不同系统的图书馆或其他信息机构，"条块分割"的管理体制，利益的不平衡等问题，使真正意义上的资源共享无法实现。经查阅相关资料发现，无论是论文还是出版的专著，大都提出了知识资源共享的方针及对策，不足的是行动迟缓，实践永远落后于理论。国外相关课题的研究状况，起步比我国早，而且比较注重实践，在资源共享方面较我国取得了先进的成效。现如今国内各高校图书馆一些资源共享计划已经实施，并取得了不小的进展，共享的内容主要是纸质资源、电子资源、书目资源和人力资源等几个部分。电子资源主要涉及从数据资源商购买的数据库、自建数据库以及共建数据库，提供电子资源的访问；人力资源则主要是指专业技术人员的工作经验与专业技能以及专家团队等人力资源的共享。但由于缺少一个权威、统筹协调的组织机构，各高校图书馆大多还是各行其是，分散发展，共享信息资源和服务还只是停留在口头上、宣传文字上，各高校间并没有实现真正意义上的资源共建共享。

（二）实现高校图书馆资源共享的重要作用

根据调查发现，一些大型的（如中国知网、万方、超星等）数据库，几乎每个高校图书馆都会购买，这些数据库价格昂贵，并且每年都需要续购更新部分，这些经费加起来无疑是一个庞大的数字。各高校图书馆重复购买同一个数据库，且这些数据库有着一定的局

域性；有些图书馆建有特色数据库，却不能实现共享，从而造成了严重的资源浪费。随着数据库价格的逐年增高，因经费所限，势必导致各高校文献收藏能力减弱，资源共享成为解决矛盾的唯一出路，因此，实现资源共建共享，不仅有利于科技创新和国民素质提高，还有利于社会的和谐稳定发展。

二、构建高校图书馆区域性资源共享体系中面临的问题

（一）对于资源共享重要性的认识不够，没有专门的组织机构和制度作为保障

很多高校已经开始实施资源共享计划，但由于对资源共享的重要性认识不足，缺乏相应的法律保障，没有中央管理机构和专门的制度作为支撑，也没有权威的机构进行管理，资源共享体制尚不完善，管理者没有制定出一套切实可行并且行之有效的制度，对资源共享进行保驾护航，这样就造成了在共享的过程中无法可依、无章可循，使现有的资源共享没有一个规范的模式。如何构建统一的地区管理机构和利益协调的运行机制，解决"条块分割"的管理体制问题，使共享系统内的成员馆可根据本馆情况，适当扩大可共享资源的范围，使用户能够获取更多的共享信息资源是一大难点。

（二）电子资源共享过程中障碍重重

通过对电子资源共享的障碍分析发现，电子资源共享实现过程中存在着种种问题，造成了共享的障碍。这包括电子资源的专有性和公有性、人们认识观念的不同，相关的社会体制制度的不完善以及电子资源共享的技术条件不足和资金缺乏等方面的问题，使得电子资源不能最大限度地发挥其价值。

（三）缺乏资源共建共享的专门人才

资源共享的专业化人才队伍是指资源共享的研究人员，参与共享的管理人员，设备、数据、网络、文献等知识资源共享系统的技术人员等。他们是资源共享中最重要的支撑条件，目前在这方面存在的主要问题是人才队伍短缺、队伍不稳定、评价机制不完善。因此，加快培养资源共享的专业化人才，保障知识资源共享的顺利进行。

三、促进高校图书馆区域性资源共享的思路与举措

（一）树立高校图书馆区域资源共享理念

高校是培养人才的地方，肩负着提升各省乃至国家创新能力、科技能力和整体竞争能力的重要使命。无论从增强高校图书馆区域竞争力，拓宽外部生存空间的方面还是从促进高校图书馆可持续发展的内部客观需要来看，开放高校图书馆资源，实现区域内共享都是

一种必然趋势。如何做好现有的以及即将实施的资源共享计划宣传，形成一个良好的社会氛围和群众基础，这对大环境的影响巨大。只有充分认识资源共建共享的必要性，才能有更多的单位与机构、高校教师、图书馆馆员及读者参与其中，只有打下了良好的群众基础，这项工作才能长久地开展，达到其应有的利用效益，并发挥出应有的作用。

（二）设立权威的组织机构

要实现高校图书馆区域性的资源共享，就必须有一个权威的组织机构用来协调和沟通，如河南省知识保障体系。在各级政府的重视和支持下，建立权威性的协调机构，这是各项工作规划得到落实最终取得成效的保障。在此基础上，联合各高校图书馆通过共建数据库、团购数据库、协作购买数据库、合并购买数据库等，来减少资源重复购置的现象，以节约大量的资源购置经费，并鼓励各高校发挥人才优势、资源优势以及技术优势，自建或共建特色数据库、硕博论文数据库并实现资源共享，有效解决区域共享资源的公众无障碍地获取受限问题，以为读者提供更好的服务。

（三）电子资源共享的策略

鉴于在电子资源共享过程中存在的障碍，有针对性地进行破解不是一件很难的事。如通过立法来保护图书馆资源共享与传播的权利，平衡著作权人、传播者与使用者之间的利益，以解决知识产权保护与区域资源共享之间的冲突；加强图书馆资源共享的法律保障，制定人才培养制度、人才引进制度等，让领导者和管理者有章可循；在向学校申请加大资金投入的同时，还要拓宽获取经费的渠道，不仅要靠校方的财政支持，或各成员馆共同分担相关费用，还要鼓励各企业、公司、基金会、校友会等社会机构积极支持高校图书馆区域资源共享体系的发展。因此，努力克服共享障碍、深层次地培养资源共享文化、建立有效的资源共享激励机制、开发资源共享方式和广泛的利用资源共享技术，是解决这一问题的主要途径。

（四）培养和吸纳专业技术人员

要真正实现资源共建共享，就要培养大量的专门人才。要制定长远的人才发展战略，在馆内挑选具有相关专业的、学习能力较强的、积极性较高的馆员通过专业化教育对其进行在职培训，提高专业知识与技能；招聘具有专业技术或者相关专业的人员到高校图书馆进行开发和研究，并负责培训指导其他的馆员；对于技术创新带头人、相关专业中有较高科研能力的课题牵头人等优秀人才，还可以通过申请设立专项资金，资助他们到其他技术先进的高校或者国内外进修，多为他们提供学习、深造的机会。

实现资源共享的过程是一个长期而又艰巨的过程，构建高校图书馆区域资源共享体系，不仅是高等教育发展的需要，还是和谐社会发展进程中的重要环节。因此，各高校要有长远的眼光，充分利用某一地区高校众多、资源丰富、地缘临近、交通便利的优势，本着现代社会"以合作谋发展的原则",以及反对资源浪费,建设节约型社会的要求,取长补短、协同合作,建立区域高校数字图书馆信息门户,避免资源的重复购置与资金的浪费,实现区域内各高校馆藏资源的集中展示及信息发布平台,打破信息资源公共获取壁垒,实现信息资源开放获取。

第五节　高校图书馆大数据检索服务

信息检索(Information Retrieval)是指信息按一定的方式组织起来,并根据信息用户的需求找出有关信息的过程和技术。狭义的信息检索就是信息检索过程的后半部分,即从信息集合中找出所需信息的过程,也就是我们常说的信息查询(Information Search 或 Information Seek)。随着网络技术的迅猛发展,互联网提供的数据库及种类日渐增多。使得人们对于文献信息的查询、加工、存储、利用等方面有了更新的要求。作为高校图书馆以组织加工数字化信息及技术为广大读者提供有效信息服务,信息检索服务一向是高校图书馆重要工作的组成部分,教学科研课题的检索服务尤为重要,提供的文献信息对保障科研工作顺利进行起到不可忽视的作用。信息检索服务就是把图书馆的馆藏资源和网络资源通过整合和有序化,通过全方位、多途径地为教学科研及广大读者提供快、精、准的信息服务和信息导航服务,来满足广大用户的信息需求。

一、检索服务课题分析

随着当今网络技术的发展,通过互联网提供服务的数据库种类日渐丰富。信息量大、分布广、信息的自由性强,而用户面对浩如烟海的信息,感到茫然无措,对网络与数字资源利用能力准备得不足,这就需要图书馆馆员通过信息服务为读者进行信息导航,为读者提供细致、周到、全方位的信息检索服务。由于教学科研工作者的精力相对有限,对学术研究的规范性要求较高,而获取准确、有用的信息需占用大量时间和精力,这将成为制约网络信息有效利用的瓶颈。高校图书馆开展信息检索服务为教学科研工作者了解各国同行的研究现状,进行科技追踪起到导航作用。

二、检索工具的选择

(一)超星数字图书馆

超星数字图书馆成立于 1993 年,长期致力于纸张图文资料数字化技术开发及相关应用与推广,是国内专业的数字图书馆解决方案提供商和数字图书资源提供商。超星经过多年的研发，已经拥有了成熟的整套图书馆数字化解决方案，被公认为数字图书馆行业中的第一品牌。超星依托雄厚的资源和技术，不仅迅速占领了国内绝大部分的图书馆市场，也已经跻身于世界图书馆数字化进程中的领跑者行列。超星数字图书馆于 2000 年被列入国家 "863" 计划中国数字图书馆示范工程，以其数字图书馆的方式对数字图书馆技术进行推广和示范。超星电子图书数据按照 "中图法" 分为文学、历史、法律、军事、经济、科学、医药、工程、建筑、交通、计算机、环保等 22 大类，目前拥有数字图书 100 万种，是国内数字图书资源最丰富的数字图书馆。

（二）万方数据库资源系统

万方数据库资源系统是建立在互联网上的大型科技、商务信息平台，内容涉及自然科学和社会科学的各个专业领域。包括学术期刊、学位论文、会议论文、专利技术、中外标准、科技成果、政策法规、新方志、机构、科技专家等子库。

（三）中国维普数据库

中国维普数据库源于 1989 年创建的 "中文科技期刊篇名数据库"。其全文和题录文摘版一一对应。该数据库包含 1989 年以来的自然科学、工程技术、农业、医药卫生、经济、教育和图书情报等 8000 余种期刊文献。数据库按照《中国图书馆分类法》进行分类，所有文献被分为 8 个专辑：社会科学、经济管理、教育科学、图书情报、自然科学、农业科学、工程技术。

（四）中国优秀硕士学位论文全文数据库

中国优秀硕士学位论文全文数据库（CMFD），是国内内容最全、质量最高、出版周期最短、数据最规范、最实用的硕士学位论文全文数据库。出版内容覆盖基础科学、工程技术、农业、哲学、医学、哲学、人文、社会科学等各个领域。

（五）Google 搜索引擎

Google 的使命就是为您提供网上最好的查询服务，促进全球信息的交流。Google 开发出了世界上最大的搜索引擎，提供了最便捷的网上信息查询方式。通过对 20 多亿网页进行整理，Google 可为世界各地的用户提供适需的搜索结果，而且搜索时间通常不到半秒。现在，Google 每天需要提供 1.5 亿次查询服务。Google 富有创新的搜索技术和典雅的用户界面设计使 Google 从当今的第一代搜索引擎中脱颖而出。Google 并非只使用关键词或代理搜索技术，它将自身建立在高级的 Page Rank（TM）（网页级别）技术基础之上。

（六）百度搜索引擎

百度公司是中国互联网领先的软件技术提供商和平台运营商。中国提供搜索引擎的主要网站中，超过 80% 是由百度提供。1999 年底，百度成立于美国硅谷，它的创建者是在美国硅谷有多年成功经验的李彦宏先生及徐勇先生。2000年百度公司回国发展。百度的起名，来自"众里寻他千百度"的灵感，寄托着百度公司对自身技术的信心。

三、检索词及检索式

（一）中文：高校图书馆信息检索服务

（二）英文：University Library Information retrieval services

四、检索过程及结果

对高校图书馆服务这个概念很耳熟，但是要给出科学精确的定义，一时难以下手。在各个搜索引擎和数据库搜索，信息量非常大，所以要认真慎重筛选，才能找到有效的信息。

随着信息技术的发展网络信息资源的剧增，其分布性、异构性和动态性给信息检索带来了新的挑战。传统的检索服务已不能满足科研对文献信息检索日益增长的需求，以新问题求解为目的的检索已成一种趋势，面对这种检索需求的转变。对馆员信息检索的深度提出了更高要求。要求馆员在信息检索技术上进行资源整合。采用局部资源整合、文献资源深层次整合、数据库存资源层次的整合、异构数据库的同构化整合、基于文献内容层次的整合等。通过整合从而大大提高检索效率和资源利用率。高校用户在对信息内容提出综合性要求的同时，对所提供的文献信息及信息服务的深度要求也有了较大提高，因此在用户提出专业性较强课题时，馆员应积极参与到课题的研究中去，从课题所属的专业角度出发，对其进行一系列的分析，并挖掘其深层含义，从而将分散在本领域和相关领域的专门知识与信息加以集中组织并有序化，从中提炼出有利于用户需求，具有创新思路的"知识因素"。向用户提供潜在内容知识、预测分析具有超前性领域的知识和成果，这将有利于提高检索质量，也是高校图书馆今后进行信息检索服务的发展趋势。

总之，高校图书馆作为高校教学科研和读者服务的部门，必须进一步明确自身的定位，加强服务意识和创新服务措施，凭借自身在文献信息资源特有的行业优势，充分利用图书馆丰富的馆藏文献信息资源、特色数据库等资源，为教学科研工作提供优质、周到的服务，推动高校教学科研工作进一步向前发展。

通过对信息检索与利用的学习，以及课后信息检索的实践，利用各种信息检索工具，学到了很多信息检索方法，利用一个或者几个关键词进行检索，然后筛选出合适的信息。通常利用网络搜索引擎搜索到的信息比较繁杂，如果要搜索专业的信息资源，应该选择专业学术数据库。

　　开放科学数据已经成为大数据时代重要的信息资源类型，高校图书馆应当为用户开展开放性科学数据服务。发挥高校图持馆开放科学数据服务的优势，并对高校图书馆开放科学数据服务的 8 种类型，即高校图书馆开放科学数据的检索服务、发现服务、申请服务、获取服务、管理服务、关联服务、传递服务和存储服务等进行探析。

第六章　大数据环境下高校图书馆信息服务的模式

21世纪是一个集信息、科技、经济于一体的相对巅峰的世纪，随着多媒体技术、计算机技术、网络技术、现代通信技术的迅速发展，人们的学习方式和接收信息的方式都发生了巨大变化，协作性和共享性是学习环境所强调的关键。为了跟上社会发展的脚步，我国高校图书馆信息服务模式需要进一步的创新。换言之，依托大数据时代的发展，我国未来高校图书馆的信息服务模式将会更加丰富多彩，这也是一个不可避免的发展过程。

第一节　高校图书馆个性化服务模式

一、传统个性化服务转型的必要性

（一）传统个性化服务针对性有所缺失

高校图书馆主要服务于学校的教师与学生。但在服务期间，个性化服务时常会被各种因素所影响，如学生与教师之间的关系是否和谐、学生与教师所研究课题的非固定化等问题。要想将这些可控因素的影响降至最低，并将其使用效益提升至最佳状态，这就需要高校图书馆多关注用户的各种信息需求变化。

与此同时，还需要对自己已有的各项服务策略做出相应调整。但往往在日常服务中，由于各种原因导致学生和教师在多数情况下不能向图书管理员及时反映自己已经改变信息需求。久而久之，用户变化信息需求无法被图书馆及时获取，这就导致了个性化信息服务与用户实际需求的脱节，大大降低了其服务的针对性。

（二）传统个性化服务无法感知用户真实信息情境

问卷调查或对用户进行访谈是高校图书馆用以获取用户信息需求的传统模式，但这种调查方式存在着一定缺陷，它不能使学校图书馆获得用户具体的个性化信息。如果缺乏适合用户具体需要的信息服务，就无法提供准确、有针对性的个性化信息服务。

（三）传统个性化服务的信息服务遭遇用户流失危机

现在的大学生都是在互联网环境下成长起来的，因此对互联网也是比较熟悉的，所以他们对互联网具有相当强的实际操作能力，我们可以理解为他们对图书馆没有太多依赖。因为图书馆信息服务相对来说是比较繁琐、不便的，而且信息服务的针对性也并不是很强，他们之中大多数在产生信息需求时，都会借助网站进行相关信息的搜索，而不是去图书馆寻求帮助。

高校图书馆是一个各方面信息资源都较丰富的地方，它的存在是建立在有适合的使用者将其进行使用的基础上；高校图书馆的个性化信息服务针对性相对来说是比较脆弱的，这也是导致用户大量流失的主要原因。所以说，提高个性化信息服务的针对性，增强用户体验的满意度，是高校图书馆个性化服务过程中急需解决的问题。

二、大数据环境下模式创新的可行性

（一）目标群体较易识别

在校师生是高校图书馆所针对的服务对象，这点是毋庸置疑的。在师生使用图书信息资源的同时，他们自身的信息也在图书馆进行了注册，而图书馆正是使用这些已有的海量信息资源对已有信息用户记录进行相应识别，这对于目标群体的定位来讲是较为准确的。

另外，高校教师和学生在进行校内网络访问时，通过对这些用户登录时所使用的用户名以及密码的辨别，是可以较为容易地对目标用户进行精准识别的。

（二）数据来源相对丰富

高校图书馆作为信息资源的中心，积累了大量用户行为数据，如用户在浏览所需信息时留下的一些历史记录，或是用户在进行借阅图书以及归还图书时的一些相关借阅信息等。

这些海量的数据便是用户变化着的信息情境的一种真实反映，面对这些数据，高校图书馆应不断对其进行有针对性的挖掘和分析，如此便可较为直观地看到用户现阶段真实的信息情境，为图书馆顺利开展个性化服务提供有意义和有价值的决策参考。

（三）实时感知可以满足用户信息需求

由于用户的具体信息可以使他们的信息需求得以展现，所以一般情况下用户的信息需求可以被实时感知。大多数在校师生在产生科研或是学习方面的信息需求时，通常会去校图书馆或是互联网寻找其所需信息，这是最常见的自我服务方式。在这个自我服务的过程中，接待服务器可以准确地记录其行为数据。通过对这些数据进行深入分析，可以得到用户真实、有效的信息需求。

三、不完善的个性化服务信息系统应用

（一）数据来源的限制

要想提供有针对性的个性化信息服务，就需要有相当规模的数据，只有当用户的信息行为数据非常大而且具有一定的数据耦合度，并在此基础上结合使用个性化信息分析系统时，才能对数据进行深入的挖掘和分析，得到用户信息需求有价值的特征。

个性化信息服务系统的大部分数据来自校园，因此具有相当大的局限性。对于校园外的用户信息行为数据而言，必须与电信运营商和移动服务提供商进行通信和协调。因为用户信息行为特征识别的精准度在很大程度上会受到数据局限性的影响。

（二）用户隐私权可能受损

个性化信息服务系统通过一系列的处理来分析用户的信息行为数据，得出数据之间隐藏着的用户信息特质，以此为依据为用户提供个性化的信息服务。同时，为了对客户信息需求有更加全面且深入的了解，就需要对用户的信息行为进行实时地观察和监控，这就在无形中大大提高了用户隐私权受威胁和侵犯的概率。

因此，要在取得用户同意后，才能对用户信息行为进行数据分析，这是为了更好地保护用户的隐私权。除此之外，在分析数据之前，系统要把那些涉及用户隐私的相关数据进行清洗，删除与个性化信息服务无关的数据，最大程度地保护用户隐私。

四、大数据环境下个性化信息服务系统的构建

（一）高校图书馆在大数据环境下个性化信息服务系统目标

通过深入互联网用户使用日志、评论信息、绘画信息、图书馆使用记录等对用户变化着的信息需求有实时的感知，是大数据环境下高校图书馆构建个性化信息服务系统的最终目的，并以此来针对用户的真实信息情境，开展有针对性的个性化信息服务。

系统的构建目标为：基于高校图书馆现有的服务模式、服务平台和信息，将多元化数据库的相关记录进行适宜的收集和整理，之后再通过网络进行相应的数据挖掘，尽快感知到用户的实时信息需求，最终以此为基础，对用户展开有针对性的个性化信息服务。

（二）高校图书馆在大数据环境下个性化信息服务系统模型

高校图书馆的个性化信息服务在大数据环境下，应该包括数据集成模块、数据规范化处理模块、信息分析模块、信息匹配模块、信息推动模块和用户使用评价模块。其中，结构化数据分析模块、互联网日志分析模块和移动终端位置判定模块是信息分析模块所包含的内容。

（三）高校图书馆在大数据环境下个性化信息服务系统模块功能

1. 数据集成模块

高校图书馆所获取的大量师生信息数据是分散的，它们分散在图书馆的各个自动化系统中。将各系统中的相关数据进行相应的连接是数据集成模块的基本功能。换言之，数据集成模块就是将不同来源、不同含义特点、不同格式的数据富有逻辑性地集中起来。

2. 数据规范化处理模块

对集成后的数据进行一定标准的处理是数据规范化处理模块的基本功能，且数据规范化处理模块能够使数据与数据挖掘相关算法的需求相符合。

3. 信息分析模块

高校师生一般通过图书馆、互联网或者社交网这三种途径来满足自己的信息需求。基于这三种信息资源的不同利用方式，可分为非结构化信息、半结构化信息以及结构化信息三种信息分析模块。

图书馆信息被用户搜索利用时，它会利用一些技术手段把用户的各种行为记录下来，这些记录都十分规范地以表格的形式存储在对应的数据仓库中。当用户借助互联网来进行相关信息搜索时，会在服务日志文件中留下相关的使用痕迹，对用户的网络信息行为进行相关分析属于互联网日志分析模块功能范畴。

用户不再像以往一样，亲自去图书馆，而是使用移动互联网这个虚拟的媒介进行信息的搜索，这便由以往以人为核心节点变成了以网页为核心节点。所以说，对于移动互联网的日志而言，需要采用不同的信息、分析策略来进行更深入的分析。

4. 信息匹配模块

在得到用户实时信息需求之后，高校图书馆人员应及时使用信息匹配模块，这种信息匹配模块不是一成不变的，而是根据用户不同信息的需求而定的，通过不同的信息资源制定出多种信息服务策略，并使用户信息个性化服务得以最大限度地保证。

5. 信息推送模块

该模块的功能主要是向不同用户推送相关信息，这些信息多是针对性强且富有时效性的信息。在整个推送过程中常会用到以下三种推送模式。

第一种，针对用户使用的移动终端类型的不同、位置的不同，高校图书馆应向各用户及时推送相关阅读信息。

第二种，当用户借阅某种类型的书籍或是使用某些类型的电子资源时，高校图书馆信息模块推送方面可以自动为用户所搜索的信息类型进行归类，推送一些相关信息内容，并给用户推荐数据挖掘中发现的其他用户信息选择的结果，有针对性地将用户没有发现的但对用户有帮助的信息资源推送给用户。

第三种，当用户使用第三方信息平台进行信息搜索时，需要在第一时间对用户的搜索数据进行分析，并得出相应的结果，最终向用户推送有价值的信息。

6.用户使用评价模块

为了使个性化信息服务对用户帮助达到最大化、针对性更强、精准度更好，个性化服务系统模块功能专门设置了用户使用评价模块，换言之，个性化服务系统拥有成千上万的数据，并对这些已有的数据进行了较为深入的分析、总结，这样便可对用户的需求、意图有进一步了解，之后便可向用户推送所需或是相关类型的信息，那么用户在收到这些相关信息的同时，可以使用评价模块来对自动推送的信息是否符合自己的需求进行评价，用户评价之后，系统就会将该评价存储到后台个性化信息服务库。

久而久之，后台个性化信息服务库中的评价信息日趋增多，他们为高校图书馆工作人员带来了具有实际参考价值的大数据，这足以使他们在原有基础上，提升个性化服务系统的整体服务水平。

第二节　高校图书馆嵌入式服务模式

一、高校图书馆嵌入式服务的基本内容

米歇尔·鲍文斯于1993年提出了"嵌入式"概念，这是"嵌入式"概念的第一次出现。自21世纪以来，该服务在各种现代信息技术的支持下得到了很好的发展。嵌入式服务逐渐成为图书馆特别是高校图书馆所提供的一种主要信息服务模式，受到各种图书馆组织的极大重视。

国外有很多图书馆工作者都认为图书馆员能力素质的提高是图书馆未来发展的关键。《嵌入式图书馆员》是大卫·舒梅克编辑的一部书籍，他在该书中用虚拟图书馆员、巡回图书馆员、个人图书馆员、联络者和信息工作者等称谓来定义离开自己的办公桌，并尝试利用他们的专业知识以及人际关系来更好地为特定用户群体进行服务的图书管理员，图书馆的嵌入式服务被他们实践着。这种嵌入式服务从根本上改变了图书馆只"藏"的知识管理模式，将"藏"和"用"有机地结合起来，最大限度地发挥高校图书馆的价值。

二、高校图书馆嵌入式服务的主要特点

（一）对于用户而言

嵌入式馆员利用先进的网络技术，深入到用户群体中，能够在第一时间满足用户的各种信息需求，甚至能够帮助用户发掘或是提供他们所没有意识到的有价值的信息以及信息

需求，改变了与用户之间原有的联系方式。他们不再只是等着用户登门拜访，而是化被动为主动，积极参与到课堂讨论中、参加到教研会议中、与用户共同完成课题研究。这样可以有效地了解用户的学术背景，还可以对用户的工作内容和流程加以熟悉，进而为用户提供更加有效、及时、高水平的信息服务。

（二）对于服务定位而言

嵌入式服务的定位是与用户合为一体的，这是嵌入式服务一个非常关键的特点。它充分体现了馆员除了是信息服务的合作者与提供者之外，还是用户群体中的一员，他们与用户是亲密合作的关系。

首先，就教研部门层面来看，他们是科研人员之一。

其次，就课题研究层面来看，他们是课题研究组成员。

最后，在课堂上，他们又是教师的得力助手。他们"想用户之所想"，真正实现了嵌入的意义。

（三）对于模式种类而言

2007年，大卫·舒梅克等人从共同定位、合作关系、共同管理及共同资助四个维度理解"嵌入式图书馆服务"，并且将嵌入归纳成三种类型，具体如下：

助理嵌入：指办公的区域从图书馆迁到用户的办公室。

组织嵌入：指对嵌入式馆员的管理评价和薪资发放。

虚拟嵌入：指专门为满足用户的使用需求，在虚拟工作区间提供图书馆服务。

（四）对于服务内容而言

嵌入式馆员可以将自己所具备的学科知识深入到用户的项目和课题研究中，对用户信息需求服务进行跟踪，对用户真实、潜在的信息需求进行最大限度地挖掘；嵌入式馆员可以在讨论区与学生进行互动，为他们答疑解惑，为他们的数据库资源检索提供参考性的意见；嵌入式馆员可以在课程管理系统中添加图书馆页面链接，为用户解答关于图书馆的基本问题。

除此之外，嵌入式馆员对某学科领域的专业基础知识和发展状态以及动态是非常熟悉的，并且时刻关注着，指导怎样可以更有效地寻找和利用专业信息资源，所以他们可以很好地为用户提供咨询服务，大大提高用户的检索效率。

（五）对于馆员专业素质而言

与传统的对馆员参考咨询服务的要求不同，嵌入式服务对馆员的要求非常高，除了要具备和一般馆员一样的素质外，该服务式馆员还需要具备相应的其他学科的专业素养，这是最重要的一点。在为用户提供服务的时候，嵌入式馆员对其所服务专业的学科背景一定要有详细深刻的了解，如此一来，便可以向用户提供专业的信息服务。

（六）对于最终的服务效果而言

嵌入式服务的基本思想和服务理念分别是"以人为本"和"以用户及其需求为中心"。这种服务方式非常独特，图书馆员借助这种服务模式可以让服务的范围更加广泛全面，用户可以体验到非常完美的贴心服务。用户的价值和体验是嵌入式服务一直强调的内容。因此，这种服务方式非常容易得到用户的认可与支持。

三、高校图书馆嵌入式服务的实践

（一）嵌入到师生科研项目活动中的服务

众所周知，高校图书馆嵌入式服务已经在国内外开始蔓延，其主要有以下几个方面的内容。

①高校图书馆凭借信息资源丰富的优势，让图书馆馆员参与到用户科研团队中去，在科研项目的每个环节中都提供方便快捷的知识信息服务。

②在实践科研项目过程中，图书馆员可以为科学研究团队提供详细的研究背景和国内外相关的研究现状。

③图书管理员还可以编写专题研究报告和技术基准，分析和评论科学机构及其国际对应方、研究和发展产品的趋势。

（二）嵌入到日常教学活动中的服务

说起学生的第二课堂，非图书馆莫属，因此它应在为学生提供信息资源的同时，还需要为学生提供信息素养教育，起到提高学生阅读兴趣与技能的作用。所以，除了向科学研究项目提供服务外，高校图书馆还须将服务纳入日常活动中。

就目前而言，我国高校图书馆已经嵌入到师生日常教学活动服务之中，其主要是让图书馆员以扮演教学助手的方式，在用户课堂和网络教学平台上提供服务。学科馆员将信息素养与专业课程有机地结合起来，把各种信息服务完美地融入专业课程的教学当中。

（三）嵌入到日常学习、生活中的服务

在大数据环境下，人们的信息需求和信息获取都发生了翻天覆地的变化，而且随着现代信息技术的发展，各种信息服务机构层出不穷，这对作为传统社会信息中心的图书馆提出了挑战。所以，图书馆越来越重视为用户提供嵌入到日常学习和生活中的服务。

（四）嵌入到政府及企业中的服务

随着高校图书馆面向社会开放，高校图书馆除了向社会开放丰富的文献资源和良好的学习空间之外，还结合阵地服务，开展了一系列的社会活动与服务，其中就包括面向社会、企业和科研单位的嵌入式服务。针对用户的实际需求提供专题报告，是高校图书馆面向社

会提供的最主要的嵌入式服务。

第三节　高校图书馆知识服务模式

一、图书馆学科知识服务概述

（一）图书馆知识服务与学科馆员制度

目前，各领域对知识服务的研究仍处于初级阶段，对知识服务概念的界定还众说纷纭。但学者们所提出的概念在以下三个方面基本达成共识。

第一，知识服务要以信息和知识的获取、组织、整合、重组为基础。

第二，要以解决具体而实际的问题为目标。

第三，将知识服务在问题解答中的最大价值效益发挥出来。

（二）高校图书馆学科知识服务

高校图书馆学科知识服务就是将学科馆员制度与知识服务相结合。它按照学科专业领域将人力和资源相结合，是一种提供专业化知识服务的方式。

鉴于知识服务的定义，高校图书馆学科知识服务的含义可以被界定为：基于图书情报知识以及学科馆员的专业知识，进行用户知识的选择、获取、吸收、利用、创新，并在此基础上对相关学科专业知识进行搜寻、组织、分析、重组，为教师和学生提供所需专业知识的服务。

高校图书馆的竞争服务必须与学校的学科紧密结合。科学研究和教学人员在同一研究领域，其科学环境、知识结构、心理特点、研究习惯、实践和行为等方面具有类似的作用。因此，高校图书馆的优势被"学科化"的知识服务模式发挥出来。

高校图书馆知识服务的中点是构建一个有效、完善的高校图书馆学科知识服务模式，与此同时，这也是提高高校图书馆知识服务能力所迫切需要解决的问题。

二、高校图书馆学科知识服务系统的构成

（一）学科知识服务用户

知识服务用户的另外一个名字叫知识受众，是指通过知识媒介接受知识、获取知识的人或组织。高校的教师和学生是高校图书馆学科知识的主要用户群体。

在所涉及知识服务的系统中，知识服务的使用者不仅仅是知识产品的接受者和消费者，与此同时，他们还是知识服务的怂恿者与激励者，并很有可能成为未来知识的提供者和创

造者。高校是各学科领域专家和学者的汇集地，这些专家和学者是知识创新的主力军。

（二）学科馆员

学科馆员在整个学科知识服务过程中都处于核心地位。

首先，在整个学科知识服务过程中所处核心位置的是学科馆员。

其次，学科馆员需要具备综合能力，例如，相关学科的专业知识以及娴熟精通的图书管理业务能力等。

再次，从某种层面上来讲，学科馆员可以算是知识消费者的先驱，在对问题进行更深入的理解基础上，通过对相关学科专业知识的收集和利用，产生了具有自我体验和思维结果的新知识产品。

最后，学科馆员的作用是基于过去的简单公共信息资源为用户提供共同服务，全面地进行资源建设、合作服务和用户训练。

（三）信息资源库

图书馆的馆藏资源库、各种网络资源以及信息检索系统等，是目前信息资源库所包含的内容。

信息资源库主要含有以文献、事实、数据等人类显性知识为主的海量信息，对其进行组织管理的过程可称为信息管理。信息资源库可以按学科分类来组织和管理信息资源。

图书馆在信息管理方面的理论与实践已经相对成熟。信息资源库中的显性知识是学科知识服务的素材和基础。

随着对知识组织、知识挖掘、知识发现、知识揭示、智能技术等各方面的研究不断深入，统一的信息资源库将向着包含隐性知识在内的知识库的方向转化。

（四）学科知识库

对于高校图书馆而言，其知识服务与信息服务的主要区别在于学科知识库，同时它也是学科知识服务系统中不可缺失的一部分。

学科知识库中的知识包含了学科馆员在解决知识服务利用者提出问题的过程中探索到的显性知识，学科馆员运用自身的隐含知识以及从信息资源库中获得的显性知识，包含着能够解决用户特定问题的新知识产品或知识成果。

这些知识被捕获、输入知识库，并经过处理、评价和排序，形成知识库的主体，为新用户提供知识，或在适当的时候进一步加工，形成新的、更高层次的知识产品。学科知识库与其他知识库的区别在于它们的内容严格按照学科分类进行组织，高校也可以根据自身的专业优势建立特色学科知识库。

三、高校图书馆学科知识服务模式构建

（一）明确用户提问，确定用户需求

用户提问由图书馆学科知识服务平台进行受理，且该平台将用户所提出的问题进行性质、学科范畴归类，向相关学科的工作人员推荐用户，或是让相应的学科馆员处理用户所提出的问题。学科馆员想要明确用户所提出的问题，就需要与用户做进一步的交流，这样便可以挖掘用户深层次的潜在需求，或是清楚分析出用户的真实需求。由此可见，学科馆员通过与知识用户进行深入交流与沟通，填补了计算机系统不能满足用户模糊需求的服务缺陷。

学科馆员可以尝试探索用户无法表达、潜在或不明确的需求，从而引导知识使用者清楚地理解和表达自己的需求。学科馆员与用户的有效沟通是制定知识服务策略和选择知识服务工具的基础和前提。

（二）知识服务用户的意见反馈

知识用户在获得学科馆员提供的知识后，有必要给予知识服务反馈。如果满意，服务就会结束；反之，若不满意，学科馆员需要再次进行查询，保持交流和提供服务的进程。

用户反馈是评价学习服务质量的指标之一。学科知识服务体系的建立、运行和完善，都需要相关对象对其进行反馈。

（三）学科知识库的管理

对知识服务用户来说，获得令人满意的答案意味着知识服务的结束，然而，对于整个学科知识服务体系来说，另一个重要的环节是由积累服务生成的知识记录，整理好顺序，按学科门类组织形成知识库。

随着学科知识服务范围的扩大、服务对象的增加、学科的不断细化以及方法的进化、变化，学科知识库中的内容也得到了间接地增加、完善、更新和优化。从某种意义上讲，这些工作是对学科知识库的管理和组织。

学科知识服务是高校图书馆的一种新的服务模式。在此基础上，采用先进的信息技术和网络技术，为高校图书馆用户提供知识化、专业化、个性化的综合服务，最大限度地满足科技自主创新的要求，最大限度地满足了高校师生的个性化信息和知识需求。因此，学科知识服务是高校图书馆知识发展的必然趋势。

第四节　高校图书馆信息共享服务模式

一、信息共享空间的目标与原则

（一）信息共享空间的目标

（1）为满足用户的信息需求以及学习需求，提供个性化、一站式服务，用户有权自由选择和获取硬件资源、软件资源、多媒体资源和网络信息资源，使图书馆的资源优势充分发挥出来。

（2）提高用户检索、评估和使用信息的能力，从而提高用户的信息素养。

（3）用户能够从图书馆工作人员、计算机专家以及多媒体操作者那里接受各种援助和咨询服务，能够在信息共享空间的工作人员的指导下进行学习和研究。

（4）注重集中学习或研究，使用户相互合作，提供良好的学习、研究和沟通的空间。

（二）信息共享空间的基本原则

1.需求动态性

随着网络时代的发展，以及人类价值观念的转变，图书馆用户对信息的需求也呈现多元化动态发展趋势，这也代表了用户信息意识在进一步增强。

首先，用户获取信息的途径较为多元化，除了自己查找、借阅之外，大多数情况下会依赖馆员的主动传递。

其次，随着时代的进步与发展，单一的知识服务体系已经无法满足用户的需求，因此，就需要利用信息共享空间对用户信息需求做出及时反应，采用先进的信息服务技术来满足用户的动态需求。

2.服务集成性

信息共享空间是图书馆中研究、教学、学习和消遣的场所，应该为用户提供参考咨询、多媒体服务、研究型服务和技术服务于一体的集成信息服务。用户通过集成服务机制"一站式"获取所需信息，并以最小的代价在最短的时间内获得所需信息。

3.知识共享性

信息共享空间能够满足用户的个性化信息需求，为用户提供能够协作和自由交换信息的共享平台，这在传统图书馆服务中是不存在的。在这样协同工作的空间中，用户可以通过直接与用户、工作人员、技术专家进行交流获取信息，也可以利用信息共享空间中配备的各种信息设备，获取网络信息资源。它是用户获取知识、共享知识以及进行知识创新的重要场所。

二、面向集成服务的信息共享空间的构建

（一）信息共享空间的战略规划

对各相关部门的整体进行优化的方式来提供服务功能，是信息共享空间提供的信息服务模式理念。那么，要想使各相关部门的整体得以优化，就需要在战略规划上重视各相关部门的相互合作，将各相关部门的组织管理层次减少，使组织机构体系逐步呈扁平的网状管理结构，以促进各部门之间的沟通和协作，使高校图书馆的管理工作更加高效化。

（二）信息共享空间的构建要素

1. 物理空间

在信息共享空间中，重要的是为用户提供物理空间，以进行舒适的学习和沟通。物理空间可以是一个多媒体的电子教室，一个小组交流讨论室，一个提高研究水平的咨询区，一个独立研究室，等等。

在构建物理空间的过程中，需要考虑到不同用户的信息需求，因为每个人都有属于自己的学习方式以及习惯。国外一所大学图书馆的工作人员，根据用户需求的不同以及用户所处环境的不同，对物理空间进行了以下的划分。

（1）第一空间

该空间主要是指基于无计算机环境下的个人空间，该空间是不受任何干扰的个人进行学习、阅读、思考的空间。

（2）第二空间

该空间主要是指基于有计算机环境下的个人空间，该空间是适合个人利用所需电脑或是无线网络进行单独学习的空间。

（3）第三空间

该空间主要是指基于无计算机环境的、集体的空间，换言之，集体成员可以越过计算机进行面对面的交流、讨论。

（4）第四空间

该空间主要是指基于有计算机环境的、集体的空间，换言之，集体成员可以使用计算机进行相互间的交流。

在上述空间种类中，第三空间可以说是最重要的一类，它可以为诸多用户提供较为适合、和谐的工作或是学习环境。

2. 人员

众所周知，人员是信息共享空间构建中不可或缺的一个重要因素。以下是信息共享空

间人员构成的主要内容。

①信息技术专家。主要为用户提供计算机软件、硬件以及网络技术方面的支持。

②参考咨询馆员。主要为用户解决资源使用方面的问题。

③多媒体工作者。主要为学生提供多媒体制作的指导，为教师研发更为优质的多媒体教学软件。

信息共享空间的服务模式对人员的素质提出了更高的要求，这不仅要求员工具备与自身服务相关的技能，而且还需要具有较强的学习能力、理解能力和实践能力。随着信息技术的发展和用户的需求，用户应该不断更新自己的知识结构，提高服务水平。高校图书馆可以定期组织一些相关的培训活动，使人员的综合素质得到不断提高。

3. 信息资源

除了提供传统的馆内资源外，信息共享空间必须具备丰富的电子资源、专业数据库、多媒体文件以及网络等信息资源。

（1）硬件方面

信息共享空间不仅提供电脑、通信设备，还提供复印机、打印机、扫描仪、照相机、投影仪等外围设备，这些都是硬件设施。配置在物理空间的各种舒适的桌子、椅子、沙发等家具设施和宽敞的休息室也是其所包括的硬件设施。

（2）软件方面

需要提供电子资源软件，同时也需要提供各种办公软件和多媒体播放软件。

（3）人员方面

信息交流区工作人员应不断更新电子资源，并根据用户的实际需要，建立灵活的设备设施，以确保信息交流空间成为一个重要地点。

（三）信息共享空间的效果评价

在构建信息共享空间之后，最重要的步骤就是对这一服务进行评价，建立起以用户为中心的信息共享空间服务质量评价体系，保证信息共享空间的有效运行。

具体方式可以是向用户发放反馈表格，进行网上调查，或是两种方式结合，正确地了解、分析和评价用户对服务的感受和要求；也可以采取收集人员培训结果和信息共享空间工作人员在实际工作中的切身体会等方式。

根据评价结果，可以发现服务中存在的不足，从而不断改善服务设施，改进工作方法，提高服务质量，更好地满足用户的需求。

三、对我国高校图书馆构建信息共享空间的指导

（一）我国高校图书馆构建信息共享空间具备的条件

通常情况下，"以用户为中心""以馆员为中心"和"以资源为中心"是高级机构图书馆发展的三个重要阶段，而每个阶段的发展都是为了给用户提供更好的信息服务。在此过程中，需要以图书机构的不断发展和进步作为信息共享空间建立的先决条件。

1. 在资源建设方面

高校图书馆应将传统馆藏资源以及网络信息资源进行相应的扩张建设，尤其是对网络信息资源的创建，应向教员以及学生提供国内外期刊数据库、参考咨询服务、光盘数据库等。这在某种程度上打破了传统图书馆对地域空间的限制，使更多的网络信息资源实现了共享，带来了信息服务的网络化。

2. 在馆员素质方面

为了使教学、科研以及社会对信息的需求得以满足，高校图书馆鼓励馆员用自己的技术、知识、能力等，为用户提供适应时代需求的信息服务，与此同时，在对馆员的全方面培养制度中提出了"学科馆员""信息导航员""知识型馆员"等相关概念。

近些年来，清华大学图书馆、北京大学图书馆、武汉大学图书馆、西安交通大学图书馆等知名高校图书馆相继实行了这种以特定师生文献需求为中心的"学科馆员"制度，效果很好，深受师生欢迎。

3. 在面向用户服务方面

大多数高校图书馆已经意识到，他们应将用户的信息需求作为服务的核心，为用户及时提供有价值、专用的信息。

（二）我国高校图书馆构建信息共享空间存在的问题

1. 在理念方面

部分高校图书馆没有意识到自身建设在高校整体发展中的重要性。在国外的经验表明，高校图书馆并不只是提供各种信息的检索机构，应该在学校的教学和科研创新活动中有所作为，这不仅是高校发展的需要，也是图书馆自身发展的需求。所以，高校图书馆应抓住这个机遇，积极参与到全校师生的教学和科研活动中去，为他们提供能够进行知识创新的信息共享空间。

2. 在管理体制方面

现阶段大多数高校图书馆仍然沿用传统的管理方式。随着市场经济的发展，高校图书馆也应加入市场竞争机制中，在机构上科学地划分各部门的权限，明确行政与业务的关系，为业务建设提供行政服务，激发各部门的积极性。

（三）我国高校图书馆构建信息共享空间的策略

1.注入信息共享空间的理念

在图书馆的建设和管理过程中，分享信息空间的概念已成为图书馆发展的一个必然趋势，目的是在一般用户之间交流信息。信息共享空间为自主学习、团队讨论和集体研究提供了信息和空间，以激发用户的兴趣并实现知识创造。

2.制定信息共享空间的规划

由于我国相关的理论指导并不完善，还存在诸多问题。因此在制定规划时，除了将自身已经具备的一些硬件和软件充分利用以外，还需要借鉴国外信息共享空间的实践，并根据图书馆的实际情况以及用户利用图书馆的行为特点，最终制定出符合图书馆用户需求的战略规划。由此可见，信息共享空间规划对于图书馆信息共享空间的建设具有重要的指导意义。

3.构建合理的信息共享空间服务体系

在新的技术以及学习环境的驱使下，传统的高校图书馆服务已经不能满足于用户的需求。因此，高校图书馆必须不断紧追时代的脚步，勇于创新，才能更好地适应时代发展。信息共享空间作为一种面向用户的信息服务模式，是高校图书馆服务模式的创新，也为高校图书馆的发展提供了良好的机遇。

综合考虑信息共享空间的四个构建元素，无论是物理空间，还是资源、服务，以及人员的设置，都要进行其内容的合理分配，针对不同的用户设置规模大小不同的物理空间，与此同时，根据用户的需求提供多种服务的交流场所，实现虚拟空间与物理空间的结合。

第五节　高校图书馆信息服务模式综合体系构建

一、书刊借阅服务模式

（一）书刊借阅模式概述

关于书刊的借阅模式主要有两种，一种是自助借阅服务模式，另一种是人工借还服务模式。

1.自助借阅服务模式

用户无须工作人员的帮助，可自行按照相关提示完成整个文献阅览或是外借的手续，这便是自助借阅。自助借阅的地点相对来说是比较广的，可以在馆内实施，也可以在馆外实施，它是一种管理制度。

据相关统计调查，现在大多数图书馆都为用户提供自助复印机、打印机，用户如果有所需求，只需投币便可以自己复印、打印，整个过程极其方便。

基于对读者的尊重与信任，新的借阅模式充分发挥了高校图书馆育人的教育功能，进一步培养了读者的主人翁精神，使读者与图书馆的距离被拉近，并体现了高校图书馆"以人为本"的服务理念。

2. 人工借还服务模式

人工借还服务模式是指用户在图书馆进行阅览以及书刊外借的过程中，需要相应的工作人员以及部分半自助设备的帮助，才能成功完成图书的整个借还过程。

（二）借阅服务比较

1. 借阅方式

以往各图书馆实行半封闭的借阅模式，整个图书馆只有一个进出口，并安装出入控制设备，在旁边设置一个综合工作表，负责记录所有图书的借阅、归还、续借、预订和读者咨询。

现在图书馆实行开放式的借阅模式，读者只要扫描图书证后就可以带自己的书或书包进入，不受任何限制。并且读者可以自由地将书架上的图书带到图书馆的任何一个地方阅览学习。

2. 人员岗位

书库、阅览室各自为战的格局状态被门禁管理的实行打破了，工作人员的工作岗位也调整了。在确保整个工作台工作人员配备均衡的条件下，对从事借还工作的人员数量进行了缩减，图书馆和阅览室的大部分工作人员将被投入到书库巡视、书架管理、参考咨询等工作中，部分专业图书馆员也能充分发挥自己的专业优势，从事更深层次的服务工作，如图书导读、新书推广、参与学科建设、资料汇总等。

高校图书馆人员岗位的变化，间接推动了整体服务工作的细化，并使服务项目得到了完善，有效抑制了低效率的事务性工作，与此同时，促进了管理服务的工作水平以及效能。

3. 馆藏文献防盗磁条要求

对购进图书使用永久磁条是图书馆原借阅模式的特点之一，这种模式对用户借阅图书来讲是较为麻烦的，因为被永久磁条附着的图书，在借出状态下是不能被带入书库的。单单从这一点来看，门禁管理系统就比永久磁条要方便得多，因为当用户借出某本图书时，也可以将其带入图书馆。

二、点对点服务模式

（一）传统到馆借阅服务模式

图书馆的传统借阅方式包括阅读书籍和期刊、复印文件、借阅纸质书籍等，但这远不能满足图书馆用户的需求。在某种程度上，它限制了用户进入实体图书馆的热情。高校图书馆服务平台的变革和发展是顺应时代潮流的，它经历了以下三个时期：图书馆时期、计算机平台时期、移动网络平台时期。

（二）新兴移动服务模式

针对高校图书馆的服务模式而言，移动服务方式是目前较为流行的一种。随着移动信息服务被普遍使用，移动图书馆的服务模式开始被广大用户所接受和认可，移动用户以无线接入方式接收由手机等移动终端提供的服务。

国外大部分图书馆目前都已经有了新兴的移动服务模式，且他们对该服务模式有了较为深入的研究，并已初具规模。

三、主动推送服务模式

图书馆员在传统高校图书馆信息服务中扮演着"中介"的角色，它是搭建高校信息资源与用户资源的桥梁。用户根据自己所需的相关内容进行书目的选择，图书馆员根据图书馆馆藏实际情况和用户的需求来提供相应书籍。这是一项丝毫没有技术性和反馈信息的服务方式，用户需要什么，图书馆就提供什么，久而久之，它就掩盖了用户与图书馆的信息需求矛盾，用户不知道图书馆真实的馆藏情况，图书馆对用户阅读习惯也是一无所知，从而直接影响并延误了文献的更新速度以及维护的最佳时间。

在大数据环境下，图书馆积极开展信息定制与主动推送服务，以用户为中心，根据用户习惯及以往需求预测并分析用户的潜在需求，定期通过电子邮件、短信等途径主动向用户介绍图书馆的最新服务动态和最新馆藏资源情况，推荐本馆的最新信息服务，并时刻接收用户实时反馈的信息，对服务效果的反复评估做出理性反应，改善服务模式。

四、学科信息门户模式

学科信息门户，是一种新型的网络信息资源服务模式，它根据特定用户需求，运用多种技术手段，将特定学科或主题领域的信息资源等进行加工、处理与整合，为用户选择质量高、专业性强的信息资源，同时为用户提供浏览、检索、导航等增值服务的专门性知识。当用户对某一学科领域内的信息资源有需求时，图书馆按照一定的资源选择标准，针对特定学科或主题领域，通过灵活整合和组织，对馆藏资源和网络资源进行检索和选择、组织，为用户提供有针对性的文献信息服务，并在此基础上支持个性化集成定制服务。

学科信息门户作为获取专业信息资源的方式，具有以下特点：专业性，针对特定的专业领域；集成性，将专业内的各种信息资源集中整合到一起；可靠性，资源的选择来源是及时可靠的；知识性，根据知识的内容及其相关体系来进行有效检索整合。当然，现有的学科信息门户还存在一些不足，如学科信息门户个性化实现程度不高，用户的个人资源无法共享，学科信息门户和用户之间缺乏互动等问题亟待改进。

信息服务是学科信息门户存在的首要目的。构建学科信息门户的根本目标是为用户服务。传统学科信息门户从信息服务模式上看存在缺陷，服务手段有待改进。而随着技术的发展，个性化和参与互动化特征使网络信息服务模式发生了改变，信息服务模式正在由"拉"向"推"模式转变。因此，在新的网络环境下的学科信息门户是运用新的信息服务模式来构建更符合用户需求的、专业性、知识性更强的集成服务模式。

五、联盟服务模式

（一）自助式移动图书馆联盟服务模式

自助式移动网络图书馆联盟服务，针对首次进入图书馆联盟的用户，系统将提示用户进行终端选择以及用户注册，未注册的用户也可以进入联盟内自行查找所需信息，以应对紧急情况下对信息资源的需求。

（二）互助式移动图书馆联盟服务模式

用户在进入移动图书馆联盟时，首先选择所用终端设备，系统将根据进入端口方式对用户进行分类，有针对性地对用户提供服务，用户也可根据进入方式设置适合自己的用户界面。移动图书馆联盟信息服务平台为具有明确而具体的信息需求的用户提供了多种信息服务方式。

对于信息需求尚不十分明确，或是对某一学科领域信息具有持续需求的用户，可以经由检索帮助，辅助用户明确检索需求，确定关键词和检索式，帮助用户迅速检索到相关问题及问题的解答。也可运用移动信息定制与生活咨询服务，根据自己的兴趣定制信息资源，信息人员根据用户主动提供的兴趣信息，定期进行检索并将最新的检索结果推送给用户。

深层次的信息推送服务主要是通过对用户兴趣信息的挖掘，发现用户可能感兴趣的主题，然后以此作为依据对信息资源进行进一步的组织与加工，最后推送给用户。不仅如此，系统还会根据用户模型中关于日常生活兴趣、偏好和行为的描述，进行前瞻检索，为用户提供其可能感兴趣的信息。推送方式有最常用的短信提醒，以及电子邮件接收等。

当信息用户无法准确选择信息服务功能，或者图书馆联盟所提供的服务功能不能够满足或解答用户问题时，信息用户可以选择专家咨询的方式直接与信息服务人员进行交流，由信息服务人员直接提供其所需的信息资源或问题解决方案，并在第一时间运用移动信息定制服务对其进行提醒。这就需要信息服务人员明确用户提问，确定用户需求，并且快速分析用户提问，制定服务策略并选择服务工具，提供专业的信息咨询服务。

移动图书馆联盟系统会定期向信息用户发送信息反馈提醒，分析现阶段信息用户对资源的需求情况以及联盟的运用情况，定期维护并完善联盟信息资源库，满足用户所需信息资源。

综上所述，移动图书馆联盟信息服务平台中提供的多种服务功能，能够使信息用户在信息服务系统的辅助下直接快速地获取自己所需的信息资源。要想使移动图书馆联盟能够顺利且广泛地在信息用户中运用，就需要将图书馆联盟资源的共建共享充分发挥出来。

第七章　大数据时代高校图书馆个性化信息服务发展路径

大数据时代，用户信息需求意识增加，但用户的信息选择性障碍使用户在丰富的数据资源中，难以找到符合需求的信息，因此需要图书馆为用户提供针对性强、精准度高的信息，促使个性化信息服务的产生。信息时代，图书馆网络服务从传统封闭式转变为开放式，服务核心以人为本，网络信息服务的变化也推动了个性化信息服务的发展。信息环境的变化，使用户需求、意识、服务管理机制等随之发生变化，在此影响下个性化信息服务产生和发展成为必然。这样才能解决用户个性化信息需求与丰富信息资源之间的矛盾，提高图书馆服务质量，促进高校图书馆在未来道路上健康发展。

第一节　高校图书馆个性化信息服务概述

个性化信息服务是图书馆信息服务的发展方向，是满足用户信息需求、培养个性、表现个性的服务，是吸引用户参与数字图书馆建设的关键所在。个性化信息服务的产生和发展是网络环境下用户需求变化、服务意识和机制的变化、信息环境变化三者作用的必然结果。

一、个性化信息服务

（一）个性化信息服务的概念

计算机技术在图书馆服务工作中的广泛应用，迎来了图书馆的个性化服务的产生。个性化信息服务也称定制服务，是相对传统的整体式服务而言的一种新型服务模式，它以用户为中心，根据用户提出的综合的、明确的信息需求向其提供专有的信息服务，或通过分析用户的专业背景、个性特征和行为方式等，主动向其提供可能需要的信息和服务。

相比传统图书馆的群体服务功能，个性化服务更具有针对性。所谓个性化信息服务就是根据用户的知识结构、信息需求、行为方式和心理倾向等有的放矢地为具体用户创造符合个性需求的信息服务环境，为其提供定向化的预定信息与服务，并帮助用户建立个人信息系统。

个性化信息服务的根本就是要以用户为中心，尊重用户，研究用户的行为和习惯，为用户选择更切合实际的资源。

个性化信息服务有两个目的：一是根据用户自身的兴趣、爱好和需求定制自己所需要的信息和服务，二是信息提供者针对用户的个性和特点，主动为用户选择并传递最重要的信息和服务，并根据需求变化，动态地改变所提供的信息资源。

个性化信息服务的宗旨就是读者需求和选择，体现读者之间的区别，并据此提供不同的信息服务。

（二）个性化信息服务的特征

1.针对性

根据每个用户的独特信息需求提供有针对性的服务，对不同的用户采取不同的服务策略，提供不同的服务内容，是基于用户的信息使用行为、习惯、特点向用户提供满足其个性需求的服务。以用户需求为中心是个性化信息服务区别于传统信息服务的本质特点，以用户需求为中心要求所有的服务必须以方便用户获取、满足用户需求为前提。以用户为中心包含两层含义：一是以用户的需求为导向设计和安排服务功能与设施；二是创建个性化的信息环境，按照用户或用户群的特点组织信息资源，提供多样性的信息服务。

2.方便性

个性化服务是图书馆发展的必然选择，图书馆以多种多样、不同类型的服务手段，为用户提供更多的选择，从而方便其使用，能够关注并满足个别读者的个别需求。方便性一方面体现在，在馆员的指导下获取有效信息资源方便、快捷，这就要求馆员对专业发展状况有较全面的了解与掌握，知道师生需求的内核与实质，并能借助于现代电子设备为师生提供信息资源；另一方面是服务手段的方便，让师生能按他们指定的要求提供信息资源服务，不仅要为用户提供更加准确的信息，还要能够按照用户指定的方式进行服务，例如，满足用户对信息的显示格式、信息载体、运行方式、提供信息资源结果的方式的要求，以及对服务时间、服务地点的要求。

3.高效性

个性化信息服务可以在网络空闲时段传送数据，能有效利用网络宽带，更适合输送大量数据的多媒体信息。通过对各种馆藏资源的有效组织、管理与配置，建立复合式的信息资源组织体系，为读者使用馆藏资源提供最大的便利。体现高效性，一是信息资源获取要"高效"，高职院校图书馆建设中要注重馆藏资源的内容组织、专业场馆的建立、企业场馆的综合利用与整合，最大限度地方便读者查找信息、利用信息，建立完善的检索体系，力争达到"一索即得"的效果。二是信息传递高效，即在师生提出信息资源需求的第一时间，能指导师生迅速获取信息，然后在馆藏资源的物理载体的组织上要方便读者，在馆藏资源的空间布局上要最大程度拉近读者与资源之间的距离，实现高效传输、高效利用。

4. 智能性

从信息过滤、数据挖掘、知识推送到界面定制服务等的开展均充分依靠各种信息技术的支持，综合运用多种现代信息技术是整个服务过程中不可或缺的技术保障。高校图书馆应围绕"满足用户的真正需要"这一主旨，利用现代化信息技术、网络技术与用户建立交互式的交流，并构建动态的用户信息库，准确查找目标用户群，强化与用户的关系，构建通畅有序的个性化服务信息通道，主动将用户所需的信息推送给用户，提高个性化信息服务水平。

5. 交互性

个性化信息服务的发展方向是不断增强系统与用户的交互性，建立允许用户充分表达个性化需求，能够对用户需求行为进行挖掘的个性化服务系统。信息服务系统不仅能够提供友好界面，而且要方便用户交互，方便用户描述自己的需求，方便用户反馈对服务结果的评价。一是为师生从事教学、科研与学习提供足够的空间，指导读者实现用户创建自己的信息集合功能；二是实现图书馆与用户之间附加的、同步的交流模式，使用户可将更多的时间用在评价数据、信息或知识的价值上。

二、个性化信息服务的基本要素

个性化信息服务的基本要素包括个性化信息服务中的具体应用、信息过滤、信息分流、系统的体系结构以及用户模型的评价标准等。

（一）具体应用

从广义层面来说，个性化用户的具体应用可以分为以下三类。

1. 个性化入口

对用户提供 Web 或信息系统的个性化就是个性化入口。主要应用于个性化网站，如著名的搜索引擎"Yahoo!"的个性化定制"MyYahoo！"，它允许用户用简单的词或主题词列表来指定自己的科研项目或感兴趣的主题；流行的 Internet 浏览器，如微软的 IE 和 Navigator 都允许以一个个性化的方式组织书签；另外，个性化入口在电子商务领域是十分普遍的。

2. 过滤与排序

个性化信息服务活动中研究的重点是过滤与排序。其内涵是指对信息文档根据用户概貌进行相关度量的排序，过滤掉相关度量少的文档信息，过滤和排序是一个提高返回信息与用户需求信息相匹配的精确度量的过程。

3. 用户建模

用户建模的目的是识别用户的信念、目标和计划以提供个性化的服务。

首先，识别当前用户，就是如何获取用户的个性化信息反馈，通常有两个渠道：隐性的用户信息反馈和显性的用户信息反馈。隐性的用户信息反馈是由系统自动记录用户的访问路径、用户在某一页面停留时间、文档的长度等信息，形成日志文件，通过分析该日志文件总结用户的需求特征；显性的用户信息反馈需要用户的直接参与，由用户提供一些信息来评价当前的文档页面或给出一定的建议。一般来说，把两种方法结合起来应用会取得更好的效果。

其次，给系统加载当前用户的用户模型，如果不存在这样的模型，就按照缺省方式新建一个用户模型。

最后，在用户与系统交互的基础上更新模型，形成有助于当前用户使用的个性化系统。

（二）信息过滤

每个用户都有一些特定的、长期起作用的信息需求。用这些信息需求组成过滤条件，对资源流进行过滤，就可以把资源流中符合需求的内容提取出来，这种方法就是信息过滤。

信息过滤有以下几个层次。第一层次是对一个资源流中的资源，用有限个分类标注符号进行标注，用户的信息需求就体现为这有限个分类标注符号的一个子集。这样，过滤的动作就是纯机械的动作，不需要任何智能就可以完成；第二层次是允许用户不限定范围的关键词语来描述信息需求，对一个资源流中的资源，以用户选定的关键词语进行匹配检索，不符合要求的内容被过滤掉；第三层次是不需要用户做任何事情来描述自己的信息需求，用户的信息需求是系统根据用户访问资源的历史记录自动分析出来的。

（三）信息分流

如果用户的规模和信息资源的规模都非常大，那么对每个用户的信息过滤分别单独实施，会在效率上造成非常大的浪费，原因很简单：不同用户在需求上有交叉和重叠，对各个用户需求的判断也相应地有过程上的交叉。如果把不同的信息需求组成一个方便共享的结构，在实施信息过滤时予以统一的优化调度，就会达到比分别过滤高得多的效率，这种方法叫作信息分流。信息分流在数据结构和算法上都需要精巧的处理。最理想的结果是对特定的用户群来说，平均分流时间最短。相应的判定机制是某种形式的多叉树。

（四）系统的体系结构

用户建模放在什么位置，是系统的服务器上还是客户计算机上，或是处于两者之间的代理服务器上，是系统的体系结构研究的重要问题。这与上述的信息分流有关，如果要进行信息分流，一般要将用户模型放在服务器上，否则进行信息分流就比较困难。

（五）用户模型的评价标准

一个用户模型的基本评价标准包括粒度、修改能力、时效性和模型的数量四个方面。

1. 粒度

粒度分为两种：第一种是每一个用户一个模型，第二种是一些用户共用一个模型，即类用户模型。

2. 修改能力

用户模型可以是静态的或动态的，静态模型在与用户的交互过程中不发生改变，而动态模型一旦学习到新的信息就及时修改。静态模型可以被预先嵌入一个系统中，或者在系统的初始会话阶段由用户建立。动态模型在整个交互过程中及时获取或修改。

3. 时效性

用户模型可以是短期的或长期的。短期模型建立在当前交互过程中，当前交互过程结束后，可以被放弃。长期模型可以从一个交互过程保持到另一个交互过程中。

4. 模型的数量

它是指单模型系统和多模型系统。单模型系统是指一个用户只有一个模型，多模型系统是指一个用户可以有多个模型。

三、个性化信息服务的功能与形式

（一）个性化信息服务的功能

1. 时空服务的个性化

在用户指定的时间和指定的地点获得服务。一是服务时间的"全天候"，课余时间、周末时间、企业顶岗实习期间均可利用图书馆查阅资料，不受时间的限制与约束，这样有利于信息获取的连续性和可追索性；二是服务地点的多样性，图书馆可根据用户需求的方式灵活地进行服务，可以利用专题馆，也可以是课堂，也可以在企业的图书馆，如信息的显示方式、时间、地点等。对用户所需信息进行分析、加工、整合形成新的具有增值价值的信息，为用户提供高质量、高水平的服务。

2. 服务方式的个性化

根据用户的个人爱好或特点来开展服务。信息提供者针对用户的个性和特点，主动为用户选择并传递最需要的资源和服务，并根据用户的需求变化，动态地改变所提供的信息服务。个性化服务是一种互动式的动态服务，是以用户为中心，以数字、网络为平台，图书馆员主动深入所擅长的专业、仔细分析师生的信息需求，向用户提供所需的特定信息。既可以有纸质方式，也可是电子方式，还可以是两者混合的方式。既可以是讲座形式，也可以是专业研讨形式，还可以是经验与成果分享形式。

3. 服务内容的个性化

所提供的服务不再是千篇一律，而是各取所需、各得其所。用户根据自身的兴趣、爱好和需求定制自己所需的文献资源、信息和服务；图书馆对用户的个性化服务，是有针对性的信息服务。例如：针对汽车专业的师生，提供从汽车前市场到后市场整个汽车产业链的专业信息，整车制造、汽车运用技术、营销、保险、理赔、员工培训等信息。编制统计数据简报，向师生提供人才需求统计数据、某类车型销售统计数据、企业员工职后培训数据等，为师生开展科研与专业学习提供个性化服务内容。

（二）个性化服务的主要形式

个性化服务系统随着信息技术的不断发展而层出不穷，提供的服务也是令人眼花缭乱、目不暇接。主要的形式有个性化信息推荐、个性化信息检索、个性化网站等。

1. 个性化信息推荐

个性化推荐是指根据用户的兴趣和特点，向用户推荐感兴趣的信息。

个性化推荐是根据用户模型（即用户兴趣和特点的计算机描述）寻找与用户模型匹配的信息，或者寻找具有相近兴趣的用户群，而后相互推荐浏览过的信息。简单地说，个性化推荐的实质是一种"信息找人"的服务模式，可以减少用户寻找感兴趣信息的时间，提高用户浏览的效率。

用户模型指的是一种包含用户所有与系统运行相关的特征描述的系统知识库。任何系统里的用户模型都包含三个基本功能模块，分别完成以下功能：保存管理用户知识、向用户模型中添加新知识、支持和回应用户模型所在系统的需求。

用户模型可以分为两种：个人模型和通用模型。个人模型被称为用户描述，是每一个用户区别于其他用户的特殊知识，包括个人信息、兴趣爱好等；通用模型也被称为固定规则，是对于某一组用户有效的知识。

2. 个性化信息检索

网络信息时代，信息检索是用户寻找、定位感兴趣信息的主要工具和途径，Internet 信息检索服务的质量决定了用户使用 Internet 信息的效率。但是目前绝大多数的图书馆和搜索引擎等信息检索系统都没有考虑用户间的差异。对于任何用户，只要输入的关键词相同，返回的检索结果就完全相同。而实际上，不同的用户由于背景知识、兴趣爱好等方面的不同，需要的信息往往是不同的。

由于一词多义现象的广泛存在，这些不同领域的内容将混合呈现在搜索引擎返回的检索结果中。在信息量较少的情况下，这种不考虑用户差异的检索尚且可以接受，然而随着 Internet 信息量的迅速增加，这种不区分用户的检索服务必定会受到用户越来越多的不满。

个性化信息检索是这样一种检索，其工作是根据用户的兴趣和特点而开展，返回的结果也与用户需求相关。

个性化信息检索目前还没有成熟的系统问世，尚处于研究阶段。目前的个性化信息检索原型系统还比较简单，远没有达到理想的个性化水平。

3. 个性化网站

从某种意义上来说，网络经济就是"眼球经济"，只要抓住了用户的"眼球"，才有盈利的可能。退一步说，即使站点的生存不是靠站点本身获取的利润，用户的访问量仍然是衡量站点生命力的主要标志。吸引用户的注意力是站点设计者追求的永恒目标。由于在网络环境中用户进入和退出站点都只是举手之劳，因而如果网站不能吸引用户的注意力，用户便会在顷刻之间离开网站。

增强网络站点对用户的吸引可以通过多种方式实现，其中提供更好的内容是一个很好的实现方式，同时也是为用户提供一个能方便快捷地浏览感兴趣信息的途径，而这对于大型网站来说尤其重要。对于像 Yahoo！、Microsoft.AOL、Lycos、CNN 等大型网站，其中的信息包罗万象，而每个用户感兴趣的信息只是网站信息集合的一个很小的子集，这就使得用户需要花费大量的时间和精力才能从中找到感兴趣的信息。事实上，网站的信息与用户的理解和需求或多或少地存在偏差，它是网站设计者按照自己的理解组织的，因而用户沿着网站设计者组织的信息结构搜寻往往会难以找到所需的信息。用户难以迅速地定位感兴趣的信息必然会降低用户对网站的满意度，进而降低网站的访问量。

个性化站点指的是那些为不同用户提供相应内容和服务的网站。在该站点中，每个用户享受的都是站点为其专门定制的内容和服务，这种个性化的服务无疑会提高用户的满意度，进而增加网站的吸引力。

近年来兴起的电子商务站点，为用户提供了方便快捷的商品查找途径，这对网站站点显得十分重要。如果用户寻找感兴趣或想购买的物品需要的时间太长，则极有可能放弃浏览或购买；如果网上商店能够为用户提供高效的服务，则不但会增加销售量、提高用户的忠诚度，而且能将潜在的客户转化为实际购买的客户，扩大客户群。20 世纪 90 年代后期，电子商务站点的个性化也受到了广泛的关注。电子商务网站可以通过用户的浏览数据、购买记录和其他信息挖掘出用户的兴趣和偏好，向用户提供个性化的购买页面、产品新闻、广告和促销等。目前，很多的电子商务网站都提供由用户定制的个性化购买页面。

对于数字图书馆而言，现在很多数字图书馆的网站都提供了 My Library 个性化的网站，提供个性化服务。

四、高校图书馆个性化信息服务的内涵与基本特征

（一）高校图书馆个性化信息服务的内涵

图书馆不仅是现代科学技术信息荟萃的殿堂，也是文化传承的重要场所，在高等教育中发挥着巨大作用。图书馆是学校的科学研究、人才培养的重要支撑，是广大师生的学习、教学、科研的坚强后盾。

学生和教师是高校图书馆的服务对象的主体。作为身兼教学和科研双重任务的高校教师，需要有系统、专业的信息为其承担的科研项目做理论支持，图书馆可以为其提供最新的学科动态信息以支持其在研究过程需要的信息储备。对于正在学习的学生来说，图书馆可以为其提供大量的参考资料来满足课堂学习的不足，扩大了知识面的同时也为将来的工作和自身修养储备能量。

高校图书馆在网络环境下的个性化信息服务，指的是用户为满足学习、科研的特定需求，借助网络环境下系统提供的工具构建个人馆藏；同时，系统也可以根据用户的兴趣、专业或学科领域，对其基本信息进行分析，主动、定期地为其推送信息服务。

（二）高校图书馆个性化信息服务的基本特征

1. 服务目的更明确，针对性强

高校图书馆面对的服务对象是在校的广大教师和学生，这一特定的服务对象使其服务的针对性也非常明确。服务对象因其身份、层次的不同可以分为很多种，比如，因其任务不同教师就可分为专职、科研和身兼教学与科研双重身份的教师，还有教辅人员。身份和层次的不同，就造成了需求不同，随之对应的服务也会有所区别。所以，图书馆服务人员在为用户服务时要明确服务对象，有针对性地为其服务。

2. 服务更具专业性

高校教师因其专业不同、学科背景不同以及利用图书馆的目的不同，图书馆服务人员在为其服务的时候更需要具备针对其专业或相近专业的知识。专业性在高校图书馆为用户提供的个性化信息服务体现得更强烈。

3. 服务方式多种多样

传统的图书馆提供给用户的基本上是以纸质信息为主，而网络环境下提供给用户的资源形式是多种多样的，除了纸质资源，还有 E-mail、电子版的文档，或者服务人员和用户利用 QQ、MSN 等方式进行实时交互。这些多种多样的服务方式为用户获取信息服务提供了便利。

第二节　高校图书馆个性化信息服务问题与对策研究

在人工操作的面对面服务时代，高校图书馆面向大众用户提供信息服务，没有对个性化提出特别的需求。针对某些特定个别用户，图书馆也提供诸如代查、代译等较为普通的"个性化"服务形式，但这种服务的受众较少。如果一味因循守旧，必然不能适应时代的发展要求。更为严重的后果是，必然会阻碍知识的传播，不利于对高校图书馆用户群体获取知识以及学习研究。因此，高校图书馆的个性化信息服务探究有重要的意义。

一、高校图书馆个性化信息服务存在的问题

（一）信息资源建设问题

信息资源建设是个性化信息服务的前提。一个个性化的信息服务系统无论其技术多么先进、功能多么强大，离开了充分的信息资源作保障，都不会吸引用户，不会获得成功。从个性化的角度来说，就是要创建以用户为主导的信息资源环境，用户需要的信息能够充分有效地得到保证。

信息资源是指反映信息的各种载体和媒介及它们所构成的互动关系的整体，它已不再是传统意义上的藏书规模，它还包括追求实效的网络动态信息以及光盘等电子出版物。当前高校图书馆收藏的文献资源基本上建立了比较完备的书目数据库，而且也购买了相当多的数据库，丰富了馆藏。实践表明，信息用户在科研及工作中所需要的数据和参考文献等信息，不论是传统藏书，还是网络资源都难以全面满足。图书馆应该充分利用长期积累的信息资源，利用自身在信息的收集、处理和检索方面的经验，结合网络技术，开发出集实用性、综合性和专业性为一体的动态信息资源体系。同时，图书馆还有必要依托文献资源，进行深入加工，从文献整体转向知识单元的提供，结合用户需求确立主题，建立自己的特色数据库，并根据用户需求随时予以更新。只有信息资源建设具有个性化，数据库建设个性化，才能真正开展个性化的服务。

图书馆要本着针对性、完备性及准确性的原则来建设和组织信息资源。在引进资源数据库、电子出版物时要建立完善的评价和筛选机制，确保它们是高质量的，是切合实际需要的。网络信息资源的组织和挖掘将是数字图书馆工作的重点，在充分分析本馆用户需求特点的基础上，对网上信息资源进行收集、分类、整理，建设本馆的虚拟馆藏，科学地组织资源导航系统。在组织"资源链接"时应密切关注所链接的资源的运行状况，保持其准确性，防止因网站更新而出现"死链接"的现象。对于有较大价值的信息资源，应像馆藏文献资源一样考虑将其永久存贮，将其下载到本地存储设备，供用户反复利用。高校图书馆在信

息资源建设时还应积极引导用户参与资源建设，保持与用户的交流，接受用户的推荐和信息、反馈，允许用户将自身需要的、不在模板中的信息资源添加到个人资源或链接当中。

目前，虽然大多数高校图书馆业务进入网络化，但是，在网络环境下，信息服务大同小异，不外乎馆情介绍、书刊检索、网上阅览、告示等方面。即使有的主页上有些读者咨询的内容，也比较分散、不系统。网络环境下的信息服务只是传统的信息服务的"克隆"，即把原来非网络环境的信息"移植"到网络上。许多高校图书馆没有把整个网络资源置于图书馆视野之下考虑，缺乏对网上资源的重视。至于如何把网络信息和图书馆的文献资源建设结合起来，把网络信息资源服务和图书馆读者服务结合起来，把网络信息、资源服务和个性化信息服务结合起来，这样的实践活动更少。

（二）管理机制问题

管理机制对网络环境下高校图书馆的影响有以下几点：

第一，国内的图书馆管理体制存在结构缺陷，宏观调控不健全，我国的资源共享进展缓慢，难以实现网络环境下较理想的信息服务合作。

第二，现行的图书馆管理机制缺少活力，难以开展个性化信息服务。大部分的高校图书馆都是提供无偿服务，缺少发展的动力。在进行图书馆定位时，往往考虑的多是硬件的建设，而忽视了对用户的需求分析，难以开展用户需求的个性化信息服务。

第三，网络环境下图书馆信息服务的开展没有良好的管理对策，信息服务质量好的评价没有统一的标准，图书馆服务人员缺少开展主动服务的动力，难以开展更好、更有效的个性化信息服务。

总而言之，目前的图书馆管理机制限制了信息资源共享的建设，缺少激励体制和管理体制，不能促进个性化信息服务的开展。

（三）服务问题

1. 信息服务观念问题

图书馆的传统服务观念为"重资源，轻服务"。高校图书馆在数字图书馆建设方面仍然受到这一观点的影响，从一些各高校图书馆网站的主页就可以明确看出。馆藏文献资源和各类数字资源突出地展示在图书馆的主页上，其他信息服务或位置不明显，或设置在二三级目录里。图书馆提出了"以人为本，服务至上"的服务理念，意识到了信息服务的重要性，开设了科技查新、咨询服务、代查代检等服务。但是受传统服务观念和重视服务的时间不长的影响，服务的深度不够和质量不高等问题也非常明显。

2. 个性化特征不突出

目前，图书馆开展的网络环境下的个性化信息服务仅仅表现为简单的信息推送，属于较低层次的信息服务，给用户提供的信息服务是共性的，面对的不是个人而是群体，并且这些服务在同一层面上，标准性强，用户不仅需要对信息进行选择，更需要鉴别正确与错误、有用与无用。图书馆工作人员不仅需要树立个性化信息服务理念，更需要了解用户信息需求，只有这样才能为用户提供有针对性的服务。

3. 信息服务人员问题

在网络环境下，越来越多的个性化信息服务被用户需要，反而对传统的文献借阅服务的依赖越来越少。用户希望工作人员可以给予他们提供具有高知识含量、解决较深层次的问题的服务。为满足用户的服务需求，这就需要工作人员学识广博，熟悉各学科知识。同时，还需要有熟练的信息技能、检索网络信息的方法和技巧，掌握了这些，才可以熟练地分析、整合、综述信息。

担任个性化信息服务的人员需要熟悉本馆的基本情况，协调能力强。就目前来说，各高校一般是由具有高级职称的工作人员担任，但是其技术水平不高，知识面也比较单一，而且科研活动需要涉及的技术、信息分析的能力和学科知识都很匮乏。这些缺点就导致了信息服务人员很难收集到高质量的信息资源。而维护、更新个性化信息服务系统需要大量的服务人员，人员少工作量大，直接导致信息的深层次服务很难进行。

4. 信息服务反馈问题

用户对信息服务进行反馈是图书馆进一步开展个性化信息服务的依据之一，也可以作为图书馆工作质量的一个评价标准。目前，高校图书馆对信息服务的反馈比较重视，用户可以通过专门的意见信箱反馈，也可以通过电子邮件的方式进行反馈，方法多样、灵活。但是，用户反馈的信息有时候涵盖的内容不全面，或者图书馆对得到的反馈信息处理得不及时、不正确，有关问题得不到及时调解，往往容易失去用户的信任，不利于个性化信息服务的发展。

（四）支撑技术尚不成熟

图书馆个性化信息服务建设必须以强大的计算机技术作为最基础也是最重要的保障。在信息时代，各种支撑技术不断发展，但是在这个进步的过程中所出现的一些问题依然不能忽视，例如，生成相对完整方案知识的方法和技术还不成熟，存在若干的难点，如：人类大脑融合信息、激活知识的机理还没有被人们掌握，从定性到定量再到定性的综合集成的方法、系统辨识方法等还不成熟；信息融合技术、信息建模技术、服务集成技术、知识表达技术、知识挖掘技术、经验建模技术、客户关系建模技术、知识推理技术、智能推拉技术等在短时间内还不能普遍应用。因此，个性化信息服务的研究依然任重而道远。

（五）个性化信息服务系统建设问题

目前大部分的高校图书馆都建立了自己的个性化信息服务系统（我的图书馆），一般都存在以下几个问题：

1. 缺乏自身特点，资源范围有限

国内大部分图书馆的个性化信息服务系统都是在借鉴国外较成熟的模型的基础上建立起来的，功能、界面等也只是简单的"复制"，缺乏自己鲜明的特色。目前各个高校的图书馆是"各自为政"的，联系不够紧密，这就使得个性化信息服务系统提供的服务仅仅局限在本馆内，这就大大增加了用户获取信息的局限性。因此，就需要结合高校用户的特点建设实用的服务系统。

2. 系统服务功能不全，层次深度不够

很多高校图书馆的个性化信息服务系统，普遍存在着功能不全、层次不深的问题。系统的服务大部分集中在新书通报、读者荐购等简单的方面，而较深层次的服务像推送服务、信息定制、页面定制、资源管理等却缺失，即使有像图书定制这样的服务，也只是停留在简单的推送服务上，忽视了对用户满意程度的反馈，这样就不能给用户提供深层次的服务，也就在一定程度上限制了个性化信息服务的开展，不能实现真正的个性化信息服务。

3. 系统与其他系统的集成不够

大部分高校图书馆的个性化信息服务系统是独立存在的，缺少与图书馆电子资源系统等的集成，用户只能检索图书馆的馆藏，却无法利用系统检索图书馆的电子资源。因此这种孤立的系统无法满足用户的个性化信息需求。

4. 系统的知识版权问题

个性化信息服务的开展会涉及大量信息资源和电子文献的处理、下载，虽然图书馆购买了一些电子资料和数据库的使用权，但还是应该进行版权公告，防止版权纠纷问题的产生。然而通过调查发现，图书馆对于版权问题的声明还没有足够的重视，只有很少的图书馆进行了电子资源版权公告。

综上所述，高校图书馆个性化信息服务的开展面临着很多问题，这就需要图书馆服务人员能够好好地分析这些问题，找出解决问题的方法，从而更好地推动个性化信息服务的开展。

二、高校图书馆个性化信息服务的发展对策

（一）强化信息资源建设

信息资源是个性化信息服务的基础，图书馆应该从强化信息资源内容建设、改进信息资源的整合与组织和促进共建共享三个方面着手。

1. 强化信息资源内容建设

在网络环境下，图书馆的信息资源结构发生了巨大的变化，实体馆藏资源和网上信息资源共同构成了图书馆信息服务的资源基础。强化信息资源内容建设是网络环境下高校图

书馆发展馆藏的必然发展趋势。总体来说，主要从以下几个方面进行：

一是要建立特色数据库。建立具有馆藏特色的数据库，有针对性地实施定向信息服务，可以节省用户检索信息的时间，并满足其最大需求。高校图书馆应结合学校重点学科的研究方向以及用户信息需求的重点，选择某些具有地域、专业、人文等特色的资源，整合馆内已有资源，建立相关的专题数据库。图书馆在确定建立某种数据库之前，要对图书馆领域数据库开发现状及用户需求进行全面的调查研究，在此基础上聘请有关专家与本馆专业人员，根据本馆的馆藏特点及用户群的需求特点，对建立某学科、某专业的数据库进行科学论证。在确定建设某一特色数据库后，图书馆就要加大投入，持之以恒地进行开发建设，使数据库在内容方面具有系统性、完整性和特色性，同时还应注意数据库的更新，以保证数据库内容的新颖性、时代性，只有这样才能适应用户的个性化信息需求。

二是要建立专业导航数据库。由于网络信息资源的高速膨胀，现有资源数量巨大，来源分布也很广泛，这些都导致了网络资源处于一种高度无序的状态，用户要高效准确地找到所需的专业知识变得越来越困难。因此，高校图书馆应当注重对网络资源的收集整合，加强虚拟馆藏的建设，把网络资源按专业等分类导航，并建立基于专题的信息库。通过对网络上某一专业领域的信息进行收集整理和有序化的资源重组，建立服务于特定用户群的信息资源导航系统，这就为广大师生利用网络信息资源提供了方便快捷的途径。同时，高校图书馆网站应该包括图书馆为用户提供的各种信息服务以及图书馆的数字资源。这些数字资源应该包括馆内所有的网络数据库、电子期刊、新书书目、更多图书馆的链接、网络信息资源的导航等。针对有关教学科研任务的高校师生用户群，图书馆网站对网络资源的组织整理应着重突出学科导航系统的专业性。

三是要扩充馆藏全文数字化资源。全文数字化技术发展很快，给在校师生的教学研究带来了很大的便利。发展馆藏数字化资源首先应当充分利用已有的数字资源进行个性化服务，如中国学术期刊全文数据库、维普资讯数据库、全国报刊索引数据库、人大复印报刊资料数据库、中文社科篇名数据库、万方数据库、中国科技论文数据库、中国科技引文数据库、学术成果数据库、专利数据库等。应针对每个用户对文献信息的不同需求，从这些数据库中获取相关数据，提供给用户使用。

2.改进信息资源的整合与组织

图书馆应当加强信息资源的整合，具体来说主要包括两个方面：

资源整合。所谓图书馆的资源整合即对现有的信息资源进行分类整理，形成一体化的集成信息系统。该集成系统的目的在于集成不同的数据，形成一个方便用户使用的整体。这个系统不仅要整合数据库系统中的数据，而且要整合不是数据库系统中的数据，应当能整合多种数据源，如音频或视频等多媒体数据。而且随着数据的加入，应当能整合这些新加入数据源中的数据。目前，信息资源整合主要有两种方法：虚拟信息整合方法和数据仓库方法。

服务整合。服务整合主要包括整合用户信息和整合反馈信息。整合用户信息是指构建有效的用户个人信息库。整合反馈信息是指对系统反馈信息进行提取，通过关联分析、知识挖掘、智能处理等知识处理方法对系统反馈信息进行加工，以此来作为个性化服务的改进依据。

另外，在个性化信息服务中，整合的信息往往会被分类加入各类模板中。这些模板的生成要依据用户细分的原则及资源之间的内在联系来组织。所以在信息资源建设的同时，图书馆可以积极引导师生参与资源的建设，利用反馈信息，了解用户的想法，及时对资源建设进行调整。甚至可以允许用户根据自身需要，把不在模板中的信息资源添加到个人资源或链接中，从而更好地整合信息资源。

加强信息资源的组织，首先应当明确个性化信息服务对信息资源组织的要求。相对于一般的信息服务，个性化信息服务对信息资源组织的要求有很大不同，其对信息内容、导航与界面都提出了新的要求。在内容上，要求信息内容深度和广度要适宜、保证内容清晰易理解、内容针对性要强和有很好的开放性和高度的柔韧性；在导航系统上，要有对信息的权威导航与评估能力、能够基于内容的信息资源跨平台无缝链接和具有细致合理的分类以及友好的用户界面等。

采取合适的信息资源组织模式也十分重要。图书馆采集引进的各种数据库、电子期刊库等电子资源分布是呈离散状态的，而且大多是根据数据库提供商编排的检索系统组织的，用户可能不适应其规定的检索方式。因此，高校图书馆有必要根据本校的学科专业特点、师生反馈的信息需求对已有的数据库及电子资源进行整理和分类，建立一个数据齐备、内容丰富、检索界面友好且检索功能强大的数据库导航系统和电子期刊导航系统。另外，图书馆应根据本校师生特点，对网络信息资源进行收集整理，建立本馆的虚拟馆藏、组织资源、导航系统等。在按专业特点组织相关链接时应密切关注所链接资源的运行状况，如链接资源发生变化，应及时更改链接地址，保持导航资源的准确性。对于某一专业或领域有较大价值的使用频率非常高的信息资源，可考虑下载到本地，将其按馆藏文献资源一样分类保存，方便用户多次使用。

3. 促进共建共享

资源的共建共享有利于节约人力物力，最大限度地发挥信息资源的作用。促进资源的共建共享首先是实现校内各部门之间资源的共建共享。目前的现实是，因为院系认为图书馆所提供的资源专业性不够，因此建立了一些满足自身专业需要的小图书室或资料室。在很多高校，图书馆与这些院系的资料室各自为政，对信息资源的建设与采集呈分散状态，无统一制度，在对信息资源进行建设时没有经过统一的规划和组织部署。这种分散的局面导致图书馆与院系资料室对某些专业性较强的资源或交叉学科在资源建设上产生重复，浪费了人力物力，而且图书馆和院系的资料室在信息资源上没有形成共享，导致资源利用率低下。因此，应加强图书馆与各院系之间的合作，加强资源的共建共享，让所有人都可以通过图书馆得到全校的现有资源，使图书馆真正成为全校的信息服务中心。

与此同时，应当促进馆际共建共享。一个图书馆的资源毕竟有限，为了满足所有用户的需求，馆际合作服务能提高图书馆服务的能力与水平，使服务内容更加丰富全面。在网络环境下，图书馆之间协作与交流的重要性将日益突显。加强图书馆之间的协调与合作，图书馆发挥各自文献资源的优势，按照学科门类联合开发馆藏资源，增加数据库的容量，扩展服务的覆盖面，实现真正意义上的信息资源共建共享，使读者可获取的信息资源更加丰富。

（二）完善个性化信息服务管理机制

建立完善的图书馆个性化信息服务机制对图书馆的发展起着很重要的作用，它能够促进图书馆个性化信息服务的发展，服务机制的建立包括两个方面：

1. 健全宏观调控机制，建立馆际共享

针对我国图书馆缺乏宏观调控机制的问题，在全国范围内建立一个权威组织来协调图书馆的发展，促进馆际资源共享的开展。加强中国高等教育文献保障系统（China Academic Library & Information System, 简称 CALIS）与各高校图书馆之间的合作，建立以高等教育数字图书馆为核心的文献保障体系，提高服务水平，为个性化信息服务的开展提供一个良好的信息资源环境。

网络环境下的馆际共享，已经不仅仅是纸质文献资源的共享，还包括网络资源和电子资源的共享。馆际共享使得所有图书馆处于同一个资源平台，成为一个有机的整体。图书馆之间不但可以实现资源共享，而且可以实现服务共享。整合各个图书馆的资源、人才优势，利用丰富的资源和先进的技术为用户提供及时的、正确的、方便的和交互的信息服务。

2. 健全图书馆运行机制

图书馆的发展要跟上时代的脚步，必须建立起符合新环境特点的运行机制。因此，为了提高图书馆服务质量，就需要增强图书馆的管理手段和服务意识，建立统一的评价体系，调整部门之间的结构，加强部门之间的合作，将服务、科研、培训等融为一体，对图书馆的服务质量进行跟踪评价，对用户的信息需求进行调研，并且建立服务人员的激励体制，激发服务人员的服务动力，真正将图书馆自动化、主动化、全面化的个性化信息服务提供给用户。

良好的管理体制可以更好地促进个性化信息服务的开展。因此，图书馆良好体制的建立，需要国家有关部门、各个高校以及图书馆的共同努力。

（三）改变服务观念，提高服务人员素质

树立"以人为本，用户至上"的人文关怀服务理念。对图书馆的个性化信息服务积极有效地开展非常有利。"以人为本，服务至上"是指将用户的需求放在首位，以完成此目标为工作的根本目的，一切为了用户、方便用户，为用户提供最大化和最优化的服务。传统的服务模式被个性化信息服务改变了，这种服务是"一对一""点对点"的服务，以知识单元提供的文献资源为主，要求较高的信息准确性。

丰富的知识和道德修养是个性化服务的专业性和学术性要求服务人员具备的基本素养。要满足用户的服务需求，服务人员要具有较强的信息分析能力和语言能力，为用户解答各种问题；要拓宽知识面，加强学习，尤其是图书情报方面的相关知识；掌握熟练的信息技能，能够对信息分析、整合、综述，可以掌握各种信息的来源和检索方法。服务人员只有具备了这些，才能提高服务层次，为用户提供明显的个性化信息服务。

"学科馆员"是在图书馆服务人员技术水平不高、知识面比较单一、信息分析能力差等问题下产生的一种专门的个性化信息服务人才。"学科馆员"指的是图书馆设专人与某一院系或学科专业作为对口单位建立联系，在院系、学科专业与图书馆之间架起一座桥梁，相互沟通，为用户主动地有针对性地收集、提供文献信息服务。这种服务人员需要具有一定的外语水平、熟悉图书馆业务、熟练的计算机操作能力、学历和职称较高、文化底蕴深厚、语言能力较强，能够有针对性地为教学、科研提供有力的帮助。培养个性化信息服务人才的任务比较艰巨，需要的时间也很长。为应对人才的缺乏和服务的不足，可以聘请本校一些造诣较深的专家暂时承担，实行外聘兼职"学科馆员"制度，为培养个性化信息服务人才争取时间。

（四）提高信息获取质量

前面对信息资源建设的重要性做了较为详尽的阐述，足以见得提高信息质量的重要性和必要性。图书馆在用户定制信息服务后，往往缺乏对用户反馈意见和使用心得的重视程度，没有将个性化深入化。反馈模块的缺失使得个性化服务系统不能准确地获知用户的满意度评价，严重阻碍了系统的进步与升级，同时缺乏反馈是与个性化、人本化背道而驰的，可见建立反馈机制迫在眉睫。另外，在不同的时间序列阶段，或者是由于用户研究需要的不同，会导致用户在不同阶段的偏好发生变化，这也有可能使已经建立的用户需求或搜索模型在准备反映用户信息需求方面存在障碍。长此以往，必然会导致推荐给用户的信息质量不高。这是一个令人担忧的恶性循环，最终会严重打击用户的使用兴趣，对个性化信息服务失去信心。因此，不高的信息质量会导致现有用户的流失，更会由于口碑作用丧失对新用户的吸引力。因而，在个性化信息服务建设的任何阶段都不能在信息的开发方面放松警惕。持续不断地为用户提供优质的个性化信息是图书馆不变的追求与努力的方向。高质

量的信息往往包括以下要求：

第一，针对用户。个性化信息质量建设过程中最基本也最核心的一点就是要围绕用户展开，时刻针对用户个人需求。

第二，新颖。与时俱进，及时更新是个性化信息服务建设的生命力所在。

第三，准确。个性化信息的内容一定要准确无误，真实可靠。尤其是有关数据，文献等专业性较强的信息资源，更要充分保证其权威有效性。

第四，全面。个性化信息服务建设要满足用户的"T"型需求，在针对个性化要做到专业的同时，也要注重个性化专题信息的全面性，力争能够为用户呈现出专业领域相关的方方面面的内容。

第五，深入。这是信息服务专业化的重要体现，也是个性化信息服务建设过程中较高层次的要求。图书馆要本着为用户节省时间的原则，将符合用户定制需求的信息以板块而非整体的简洁形式推送给用户。

（五）加强个性化信息服务系统的建设

个性化信息服务系统的建设，是一项可以促进个性化信息服务系统向更深层次发展的重要措施。因此，必须加强个性化信息服务系统的建设。

1. 要建立、健全个性化信息服务系统

个性化信息服务系统必须能够提供给用户灵活的个性化页面定制选择模板；能提供丰富的系统资源便于检索和定制；具有丰富的系统功能，提供全方面的系统服务；能够保护用户的隐私；能实现与其他资源系统的自动化集成，减轻用户的使用负担等。

因此，在系统建设过程中，要注意以下几个方面的问题：

一是要求系统界面的设计简单、自然，能直观、清晰地表达意图，使用户一目了然。

二是要整合资源，利用各种技术手段将个性化信息服务系统与各种网络资源进行整合，按照相关的方法进行分类，方便用户的定制和检索。

三是要丰富个性化信息服务系统的功能，为用户提供本领域、本专业、全面的信息需求。建立专业的导航系统，采用有效的组织形式将搜集到的与本专业相关的信息资源系统化，集成必要的服务工具，建立有序的信息空间，提供良好的检索界面和功能。之后建立并完善个性化信息服务系统提供的信息推送、定制以及与用户的交互功能，使个性化信息服务系统既能提供用户选择的服务的同时，又能使用户进行信息的选择和管理，同时通过交互，及时地解决在使用过程中遇到的问题，提供具有较大价值量的服务。

四是要给用户选择权。能够选择自己需要和感兴趣的服务方式，将某些不需要的服务进行禁用，只有经过用户允许后才能提供主动的信息推送服务。

2.加强系统的安全建设，保护用户的隐私

个性化信息服务的开展，需要收集用户的信息，方便系统给用户推送个性化信息，因此，系统安全性的建设就显得尤为重要。系统的安全性建设可以通过以下途径：

一是改变目前图书馆采用的利用 IP 地址认证确认用户的方式，采用更为安全的用户身份认证、授权登录等方式，从技术上保证用户的信息和数据安全。

二是采用数据加密技术，对用户的相关信息和数据进行加密，防止在使用过程中出现泄露现象。

三是采用相关的隐私保护工具限制用户数据和信息的公开程度，对用户的数据和信息进行安全的管理。

四是制定完善的保护政策，开展隐私保护教育，提高用户的保护意识，杜绝用户信息的滥用、丢失、误用和恶意盗用等非法现象的发生。

这些方式的开展，可以在一定程度上确保用户信息的安全，可以获得用户的支持和信赖，这有利于个性化信息服务的推进。

总之，高校图书馆个性化信息服务的建设会遇到很多的问题，这就需要图书馆服务人员能够转变服务观念，提高自身的素质，树立良好的服务理念，积极寻求符合本校特点的信息服务模式，解决个性化信息服务开展建设中遇到的各种问题，努力提高图书馆的服务质量，为高校师生的教学、科研提供良好的信息服务，使图书馆在激烈的服务市场中立于不败之地。

第三节　大数据时代高校图书馆个性化信息服务系统模型构建

社会各行各业都在追求个性化，个性化的信息服务是当今图书馆发展的一种新型服务模式，因其具有服务针对性强、效率高等特点，注定要成为未来高校图书馆的重要的发展内容。轰动当世的大数据技术可以解决目前高校图书馆个性化信息服务中存在的一些问题，但目前受经济、政策以及信息资源的影响，国内高校图书馆对大数据的研究仍仅局限于初级理论阶段，还没有投入到实践中。理论上图书馆利用大数据技术可以从大量复杂用户信息数据中挖掘潜在价值，可以建立图书馆各服务与业务发展的风险模型预测，还可以根据用户行为信息得出用户价值取向，或者对用户流失等原因进行分析，帮助图书馆建立用户需求资源库，智能化搜索引擎等。技术应用的首要前提是图书馆要收集大量数据资源，在安全可靠环境下对信息进行深度挖掘处理，借助个性化信息服务系统来实现。

一、大数据时代高校图书馆个性化信息服务系统可行性

（一）丰富的数据来源

大数据挖掘分析技术应用前提是拥有一定量级的数据资源才能得出理想结果，随着网络技术和社交网络的发展，图书馆利用微博、微信、论坛等形式加强用户之间信息交流产生大量记录数据，同时用户对图书馆网站浏览产生海量数据，用户借阅信息、资源检索下载，甚至用户浏览网站时间长短等数据都被跟踪记录，因此图书馆除大量纸质文献外，还应拥有丰富的电子资源和网络资源，因此将大数据挖掘分析技术引入图书馆个性化信息服务，存在一定的可行性。

（二）实时了解用户信息需求

提供个性化信息服务关键是了解用户信息需求，只有对用户产生的大量信息行为进行分析，才能得出用户正确实时信息需求。高校图书馆服务对象大部分是在校师生，用户个性化信息需求根据其研究课程等要求，一段时间内变化相对较快，怎样及时掌握用户变动的信息需求，为用户提供实时需求信息，是个性化信息服务面临的挑战。图书馆通过跟踪用户上网行为信息，例如检索关键词、浏览记录等，可以记录其实时信息行为，借助大数据挖掘分析技术，从用户信息行为中得出用户实时信息需求与潜在信息需求，为用户提供针对性强的信息，提高个性化信息服务质量。

（三）明确用户身份

理论上可以通过网络数据挖掘发现用户的信息行为，得出用户信息需求模型，为用户提供个性化信息服务。个性化信息服务是针对具体用户提供的，所以首先要明确服务用户身份，以保证服务针对性。高校图书馆用户多是本校师生，由于版权保护、经费等原因，用户登录个性化信息服务系统时首先要在图书馆进行注册，使用具有唯一识别的学号、工号以账号避免重复，这样每位用户身份识别可以通过账号来定位，网络挖掘的数据信息也由账号作为关键字段，这样挖掘分析得到的用户需求模型可以轻易地确定用户身份信息，从而明确为用户提供个性化信息服务。

二、大数据时代高校图书馆个性化信息服务系统构建

（一）系统构建目标和模型

个性化信息服务系统是在高校图书馆信息服务平台的基础上，通过不同数据仓库获取的用户使用痕迹、用户检索记录等，并应用 Web 数据挖掘技术，获取此时此刻相对准确的用户信息需求，以便有针对性地完成高校图书馆信息资源的推送服务。个性化信息服务

系统模型的目标是获取用户实时的信息需求，其功能包括整合和规范数据、数据分析和信息推送等。

（二）个性化信息服务系统模块功能

1. 数据集成模块

该模块主要是为下一步的数据规范化做准备。在逻辑层面上，该模块将从各种渠道获取的、格式不一、含义各异的数据记录进行系统集中。高校师生的信息行为数据分散于高校图书馆的信息系统、馆藏电子资源数据库、校园网等处，数据集成模块就是要完成对所有这些分散数据的链接工作。

2. 数据规范化处理模块

该模块具体流程如下，其主要目的是规范处理上一步集成后的数据，使其适用于数据分析相关算法。

合成记录→数据规约→数据清理→数据变换

第一，合成记录。高校图书馆所使用的自动化系统由各种软件开发商提供，它们各自所属的系统数据库的数据表述格式和形态都不一样，因此高校图书馆有必要进行相应的合成。该模块通过将各个自动化系统中的用户行为信息以唯一的符号格式来表示，从而实现跨系统的记录合成。针对本校师生，这个唯一的数据库表述符号可以用读者编号来表示，因为他们事前都办理过图书馆借阅证，会得到唯一的读者编号，因此其可以作为标记该用户的跨数据库标识符。

第二，数据规约。该功能是专门对含义相同但是标识名不同的数据进行统一的规约处理，目的是最大限度地让数据管理清晰化，为准确的数据分析工作扫除障碍。所谓"含义相同但是标识名不同的数据"，举个简单的例子，就是在高校图书馆的读者信息库性别标识为"男"的，在校园网的用户日志里标识为"Male"，因此在客观上会造成歧义，这也就有必要进行数据规约。

第三，数据清理。该模块的目的是实现对噪音数据、污染数据以及错误或不一致数据的清除。用户在不同数据库的记录经过了合成以及数据规约处理后，将汇集到同一字段值中，但是这部分字段还存在属性重复的情况，这时就仅需保留一个属性值，而将其余的剔除；同时，字段值中也会出现缺漏现象，需做适当地补充；对于出现错误的数据，需及时更正；对于实数形式的字段值，需做离散处理。

第四，数据变换。该模块主要是将各种格式的数据统一转化为适用于下一步信息分析算法所需要的数据格式。不同的信息分析算法，都有其适用的数据格式。该模块通过各种方式，比如数据概化、平滑聚集等完成数据的变换。

3. 信息分析模块

高校师生在信息资源获取和利用的过程中，会产生三种信息的格式：结构化、半结构化以及非结构化信息。

（1）结构化信息

用户在接受高校图书馆提供的信息服务时，相应的数据库会在图书馆回复用户信息咨询，以及对用户提交的服务进行反馈的过程中，以表格化的形式，即以结构化的数据格式存储相关的记录，那么这部分数据由结构化数据分析模块负责处理。

（2）半结构化信息

用户通过网上搜索引擎进行信息检索，会在相应的服务器日志上留下使用痕迹，这部分信息由网络日志分析模块负责处理。

（3）非结构化信息

用户通过移动终端向微信朋友圈等社交网络发送信息请求时，这部分数据就由移动信息分析模块进行处理。结构化信息分析模块的目的是根据不同的用户信息行为，将其细化成以"粒度"为单位的数据，从而精确区分不同用户近似信息行为的信息需求的差异。考虑到结构化数据的格式规范且固定，因此该模块只需在上述步骤的基础上，即对经过合成和规约的相关数据进行必要的聚类和分类即可完成。网络日志分析模块通过对用户访问互联网的使用痕迹进行分析，获取用户实时的信息需求。该模块的流程分为三大步骤，最终的目的是提升系统的响应速度，最大限度地降低海量的数据规模，采取的途径是通过区分用户身份，过滤掉无关用户的信息需求数据。互联网的用户信息行为具有一定的特征，若用户对某一页面的访问频率较高，或者是说停留的时间较长，就从一个侧面反映了该页面对该用户有十分重要的意义。移动信息分析模块设计的初衷是通过对用户浏览移动网络的痕迹进行挖掘，获取相应的物理定位、爱好等用户信息行为特征，针对用户的爱好完成高校图书馆信息资源与用户移动终端的有效对接。

数据处理→路径补充→访问统计

目前，国内高校范围内智能移动终端设备已经普及，高校图书馆也与时俱进地推出了微信、微博等服务方式，借此吸收用户的行为痕迹，以便进行信息挖掘，为个性化信息服务打下了基础。

4. 信息匹配模块

该模块是高校图书馆工作人员在获取实时的用户信息需求的前提下，对需求进行分类，根据不同的需求找到对应的馆藏资源和网络信息资源，采取因人而异的服务策略，实现真正的"个性化"信息服务。

5. 信息推送模块

该模块通过以下三种信息推送方式，因人而异地实现精准化的信息推送服务。

第一，当用户在需要借阅或使用相关书籍、电子资源时，尚未发现对自己可能更有价值的一些信息资源时，那么此时该模块就会在对其他用户信息选择的数据进行挖掘的基础上，自动地、有针对性地为该用户推荐一些信息资源。

第二，在用户使用高校图书馆的微博、微信等服务时，该模块会尽快地分析出用户的需求，然后进行相关的信息资源的推荐提示。

第三，针对用户所使用的不同移动终端的类型或者所在位置，及时地向用户推送其订阅的相关资源。

6. 用户使用评价模块

该模块主要是通过系统后台，收集每一位用户对每次接收到的高校图书馆个性化服务推送的信息资源所反馈的评价信息。该模块可为高校图书馆工作人员修正相关的数据分析算法，为提升个性化服务效能提供重要的参考依据。

三、大数据时代图书馆个性化智慧服务体系的构建

（一）基于大数据的图书馆读者个性化智慧服务体系架构

依据图书馆读者个性化智慧服务的目的、内容、方式与过程，本文设计了基于大数据的图书馆读者智慧服务体系架构，如图 7-1 所示。

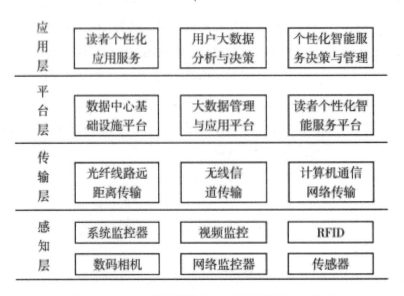

图 7-1　基于大数据的图书馆读者智慧服务体系架构

该体系架构主要由感知层、传输层、平台层和应用层四部分组成。感知层主要由系统监控设备、RFID 设备、视频与图像采集设备、网络监控器和传感器等组成，对读者个性化智慧服务的应用模式、服务过程、读者阅读收益和用户反馈进行数据采集和标准化，将用户阅读行为和服务有效性信息进行数字化表现。传输层可根据感知设备所处的位置和与

图书馆数据中心之间距离,利用光纤线路、无线传输信道和计算机通信网络,将感知层采集的数据安全、准确、快速、经济地传输至图书馆数据中心系统,平台层,系统设备位于图书馆数据中心内部,分别由数据中心基础设施平台、大数据管理与应用平台、读者个性化智能服务平台组成,主要负责完成读者大数据资源分析、用户个性化服务需求预测与评估、个性化服务提供与管理等任务。应用层依靠平台层提供的数据基础,以实现图书馆的大数据分析与决策、系统智能化管理与优化、用户关系管理和个性化需求预测,以及读者个性化智能服务的提供、保障、管理和完善工作。

(二)基于大数据的图书馆个性化智慧服务可用性保障

1. 图书馆智慧服务过程应加强 CRM 的应用

图书馆在智慧服务过程中应加强 CRM 的应用,才能全面、准确地获取读者类别、阅读忠诚度、潜在用户、读者阅读关系和智慧服务有效性数据,为智慧服务可持续发展提供可靠的理论依据和大数据支持。

首先,图书馆应通过 CRM 的应用不断发现、挖掘个性化智慧服务的潜在客户。通过建立用户智慧服务的数学模型,对读者智慧阅读的内容进行迫切性、可靠性分析,并根据判定结果将读者划分为不同的优先发展等级,在策略制定和资源分配上向潜在客户倾斜,实现读者群质量增强和数据扩展。其次,应通过对读者阅读活动相关数据的挖掘,查找出读者流失和阅读忠诚度下降的原因,并制定相应的管理策略来维护读者群体数量稳定。同时,应根据读者的学历、阅读需求、阅读习惯、性别、年龄和职业特点,将用户划分为不同的读者群体并提供相应的智慧阅读服务,提高智慧服务的个性化水平和用户满意度。最后,对读者智慧阅读服务统计数据分析可得出,近30%的超级读者享受了图书馆70%的智慧服务资源,并决定了图书馆智慧阅读服务的投资收益率水平。因此,图书馆 CRM 可重点保障关系个性化智慧服务质量的核心客户需求,在大幅降低服务成本的前提下提高智慧阅读服务收益率。

2. 实现读者智慧服务个性化需求的透彻感知

对读者服务个性化需求的透彻感知,是图书馆依据读者智慧服务需求、文化水平、阅读习惯、阅读心理、行业倾向、阅读终端特点和所处地域特点,有效进行个性化服务定制和推送的保证。

对读者个性化智慧服务需求信息的采集、判定、分析、获取和传递,以及对所获得信息的科学处理与高效应用,这是图书馆个性化智慧服务有效性保证的两个关键因素。

第一,图书馆应利用高性能传感器、数码相机、RFID(无线射频识别)、计算机和网络设备,对读者阅读活动进行即时感知、测量、捕获和传递,并通过高效、实时、准确和快速的分析来获得读者个性化服务需求信息。

第二，图书馆个性化智慧服务过程应是可监控、采集、量化、整合、创新和协作的，能够精确感知用户个性化服务的内容、过程、数据、环境、质量和需求。此外，图书馆应利用云服务商大数据处理平台实现海量数据的快速处理和深度挖掘，对个性化服务的内容、过程和有效性实现透彻感知。

第三，利用大数据分析结果对读者个性化需求进行准确的分析和预测，是提高个性化服务精确度和满意度的关键。图书馆可根据对读者服务预约、微博感言、满意度调查和服务导航等数据分析的结果，准确预测读者智慧阅读的需求、内容、途径和步骤，并通过服务的预约与定制完成个性化服务的即时推送。

3. 大数据的挖掘与整合

对读者个性化阅读需求和智能服务模式进行大数据的挖掘与整合。大数据的规模性、完整性、价值密度和可用性是对图书馆读者个性化阅读需求精确挖掘的前提。同时，也是正确评估智能服务模式的安全性、有效性和可用性，保证智能服务过程共享、开放的重要因素。

第一，图书馆应对所采集的用户数据进行深入分析和挖掘，全面发现数据内所蕴含的价值信息，实现对读者个性化服务需求的全面、即时感知。此外，应建立以读者为中心的系统、开放、连续、专业的大智慧服务模式，为用户提供创新阅读、交互阅读、远程阅读和定制阅读的个性化智慧服务模式。

第二，大数据挖掘与整合的有效性是关系图书馆个性化智慧服务决策与运维活动安全、可用的关键。因此，图书馆智慧服务应将冲破阅读模式、阅读终端、读者所处地理位置、网络传输性能和服务策略有效性对读者智慧服务的束缚，作为大数据挖掘与整合的主要目的，以确保图书馆智慧服务具有较高的科学性和前瞻性。

第三，智能服务模式的大数据挖掘与整合过程应以读者个性化特征和个人需求为中心展开，并将智慧服务贯穿于图书馆基础设施建设和服务有效性保障的全过程，为读者提供具有主动性、个性化、泛在化、人性化特点的智慧服务。

第四，读者大数据资源的挖掘与整合过程应以为用户提供全面、全方位、立体化和可定制的个性化服务为目的，不断增强读者的智慧阅读满意度和忠诚度。

4. 确保图书馆智慧服务的大数据应用过程安全、可靠

图书馆应加强大数据采集、传输、存储和应用过程中的安全管理，这样才能确保在个性化智慧服务过程中大数据资源安全、可靠、可用和可恢复，才能为智慧服务提供有效的大数据资源支持。

在大数据时代，图书馆的读者群数量和大数据信息量呈现海量、几何级数递增趋势，传统的数据存储架构和管理模式已不适应大数据时代读者个性化智慧服务需求。

首先，图书馆在数据的存储和管理过程中，应改变传统环境下仅简单增加存储磁盘阵

列和新建管理系统的应用模式，而应将存储系统、大数据分析与管理系统、大数据挖掘系统和大数据决策系统统一整合为一个管理平台，对数据资源的存储、共享、分析和决策过程实现统一平台、统一模式管理，防止数据孤岛与负载不均衡现象发生。

其次，图书馆应加强大数据平台的访问权限管理与安全防御系统建设工作，在加强大数据平台自身安全性的同时，提高数据采集、存储、访问和应用系统与管理机制的可靠性。同时，应严格执行国家、行业的大数据技术相关安全管理规定，加强管理员、用户的访问权限与密码管理，并对不同安全需求的系统执行相应安全级别的管理策略。

最后，对读者大数据信息进行挖掘与价值发现时，应加强读者隐私保护和核心数据保密工作。可通过数据传输前的加密防止数据被监听、窃取和篡改，确保数据具有较强的完整性、可信性和可用性。同时，应防止对数据的过度挖掘而导致读者的隐私泄露。

5. 实现图书馆运营与服务的智慧化管理

目前，智慧图书馆的 IT 结构具有从集中式架构向分布式架构演进的趋势，并且服务系统的层次化与功能件特点将更加突出。因此，降低数据存储、管理的成本与提高智慧服务的决策效率、准确度，是实现图书信智慧化管理应重点考虑的问题。

首先，图书馆应实现数据管理的标准化操作，应以空间数据为核心和以地址数据为关联，实现空间数据和非空间数据的一体化管理。同时，需加强结构化数据与非结构化数据的精细管理和价值挖掘，为图书馆的智慧化管理和用户个性化服务提供决策依据。

其次，图书馆应加强对数据中心系统基础设施硬件运营数据、网络性能数据、服务监控数据、视频监控数据、系统运行日志和用户访问数据的采集、处理、分析与决策工作，准确发现、评估和预测图书馆在运营与用户服务过程中，服务器的性能与负载量、安全威胁与隐患、能源消耗与资源利用效率、智慧服务读者满意度和读者的个性化需求，保证图书馆的智慧化管理与用户服务过程安全、高效、经济、低碳。

最后，图书馆应通过对读者、第三方运营商和自身服务过程的大数据资源进行分析，明确读者个性化需求、第三方运营商技术与服务优势、用户服务模式和服务能力存在的问题，并通过与其他图书馆、第三方运营商的服务联盟，实现服务资源共享和优势互补，构建一体化、多服务模式与内容、可跨越地区和系统的读者个性化智慧服务联盟，为读者提供统一资源、统一认证、统一检索、统一服务的个性化智慧服务。

第四节 构建完善高校图书馆信息服务模式的几点建议

一、跨地域合作模式

很多传统高校图书馆的信息资源都是对外封锁，仅仅服务于校内用户，这样会流失很多外部用户。自步入媒体信息图书馆后，尽管服务对象仍以高校内部用户为主，但高校同时也利用自身优势创建了多种对外服务，服务对象主要集中于个人和企业，比如设立的图书参考咨询服务，为了迎合企业团体的科研要求，创建了适用于校外用户的信息查新检索服务。高校也可以根据自身资源集中的优势，使这种服务扩大化，成为一种新兴行业。比如卡尔加里大学图书馆根据当地用户需求，专门创建了一个针对校外用户收费的信息服务平台，通过这种方式，也可以获得相应的经济报酬。在信息全球化的今天，用户对信息服务的需求也跨越了地域。高校图书馆应利用自身资源的优势，开展跨地域信息服务模式，使得网络化信息服务合作模式基本成型。只有坚持合作共享，开拓区域性、全国性乃至全球性信息服务交流平台，高校图书馆的媒体信息服务才能有突破性进展。为此，我们应该努力做到信息资源全面化、服务模式人性化、外部支持多元化、服务方式网络化，从而满足用户对不同信息资源的需求。

当今社会信息技术发展迅猛，这一社会变化带来的直接结果就是人们的信息需求量急剧增长，图书馆作为信息传输枢纽，承担着满足人们信息需求的重任。作为高校文献信息中心的高校图书馆理所当然地承担着整个学校的教学、科研的文献信息资源的保障工作。然而，随着读者信息需求量的增加，对信息服务质量要求的提高使得各高校图书馆学科馆员很难满足读者的要求。因此，通过搭建一个高校图书馆合作的平台，进行跨学校甚至是跨地域高校图书馆学科馆员协同服务，就可以在很大程度上满足读者的信息需求，为读者提供更优质、更便捷、更高效的服务。

（一）跨地域高校图书馆学科馆员协同服务的必要性分析

开展跨地域高校图书馆学科馆员协同服务具有一定的必要性：

首先，跨地域高校图书馆学科馆员协同服务可以满足区域间协调统一发展的需要。这样可以大大地提高我国落后地区图书馆服务水平，为当地科技文化发展提供充分的文献信息保障，从而实现区域间文化以及学科的协调统一发展。

其次，开展跨地域高校图书馆学科馆员协同服务可以满足高校图书馆信息资源与人力资源共享的需要。学科馆员在学科文献资源的基础上开展学科服务，但是目前我国各类高校，特别是专业性很强的专科学校、高职、高专等由于经费有限，都很难保证其图书馆文献资源量，因此在很大程度上会影响到读者对信息资源的获取。通过开展跨地域高校图书馆学科馆员协同服务，可以将全国范围内，甚至是世界范围内的某一学科领域的高校图书馆的信息资源进行整合，通过学科馆员提供给读者。在这样一个高校图书馆信息资源共建、共知、共享的协作模式下，各高校图书馆可以对文献资源采集进行分工，避免重复采购所造成的成本浪费。除此之外，在协同服务框架下，各高校图书馆的学科馆员可以看作整合成的一个整体，形成某一学科内的学科馆员的交际圈，通过工作经验、技巧的交流共同为读者提供更加优质的信息服务。

再次，跨地域高校图书馆学科馆员协同服务可以满足读者信息服务的需要。当今社会是信息时代，各类信息充斥在整个社会当中，可谓信息资源的大爆炸时代。随着信息量的骤增，人们对信息服务的需求也格外突出。高校图书馆是高校为教学、科研提供文献信息保证的机构，但随着读者信息需求量的加大，往往一所学校的图书馆很难满足读者的信息服务需求。但是跨地域高校图书馆学科馆员协同服务模式的构建，可以无形中扩大图书馆的文献资源量，从而最大限度地满足读者的信息需求，为高校科研、教学提供最大水平上的文献信息资源保障。

最后，跨地域高校图书馆学科馆员协同服务可以加强馆际交流，促进思想碰撞。交流是人类最直接的沟通方式，通过交流人们可以了解对方的思想，从而碰撞出思想的火花，进而促进人类文明的进步与发展。跨地域高校图书馆学科馆员协同服务模式的构建就为不同区域间的高校图书馆的学科馆员提供了一个交流的平台，通过这个平台，来自不同地区的学科馆员可以交流工作经验、业务流程等，这样就会扩大学科馆员的眼界，提高学科馆员的综合素质与服务能力。另外，高校图书馆学科馆员的一大工作职能就是进行科学研究。通过与其他地区的相同专业的学科馆员进行交流，扩展本馆馆员的眼界与见识，通过工作经验的交流能够极大地节省科研的工作时间与成本，这样会在很大程度上促进学科馆员进行科研的工作效率与质量。

（二）跨地域高校图书馆学科馆员协同服务的可行性分析

跨地域高校图书馆学科馆员协同服务的开展完全依赖各地高校图书馆学科馆员体制的建设。目前，我国高校图书馆基本上都认识到学科馆员对于图书馆发展的重要性，基本上都开始着手培养具有自己本校或者学科专业特色的学科馆员，这为跨地域高校图书馆学科馆员协同服务的开展打下了坚实的基础。另外，跨地域协同服务就意味着服务主体在地理位置上存在着一定的距离，这也似乎使得协同服务变得很困难。但是随着网络技术的日趋成熟与稳定，网络技术已经逐渐普及到每个人的生活之中，有了网络技术的支撑，空间上的限制已经完全不能阻碍跨地域高校图书馆学科馆员协同服务的开展。因此，可以说目前网络技术已经十分成熟，学科馆员制度也在各高校图书馆如火如荼地开展，学科馆员的理念也接近成熟，开展跨地域高校图书馆协同服务十分可行。

二、提供深度信息服务模式

把深入化的信息提供模式从其服务深度归纳，我们可划分为三个方面，即纵向的垂直服务模式、横向的学科服务模式和双向结合的联合服务模式。随着现代高校图书馆用户的专业技术要求越来越高，现有的信息资源已不能满足他们对大量专业化、理性化、概念化及思想一体化信息的要求，所以除了达到他们在某一课题的信息资源共享需求外，高校图书馆有必要开展垂直化服务的深度服务模式。这是一种集某一特定专题的信息资源深入挖掘、挑选、过滤及加工，以及建立目录式索引为一体的全新信息筛选服务模式，它通过为用户输送具有专门化、个性化、精品化、高技术和创新性的信息服务而实现其特色化专题信息服务系统。它满足了现有形势下用户对高校图书馆的需求，实现了信息服务在学习科研一体化方面的愿望。在这一方面，重庆理工大学图书馆开创了垂直服务模式的先河。在目前的信息服务中，图书馆所面对的用户不仅仅是个人，还有科研单位和企事业单位，因此在高校图书馆建立一个专门处理科研单位和企事业单位的信息研究咨询服务处刻不容缓，它的存在避免了图书馆在人力资源方面的浪费，更使得图书馆的服务模式具有条理化，如今许多地方都用到了这一管理模式。例如，国家图书馆就招收了相当多的具有高学历、高素质的专业咨询人员，建立了专门的企业信息服务中心。他们的主要工作就是对国内所有的大中小型企业开展多种多样的信息咨询服务，包括媒体监测分析、行业和市场分析等，通过对各种信息的收集，筛选出对用户有用的产品信息。这一种服务模式就叫作横向的学科化服务模式，它具体表现在对某一学科领域提供系统的、深层次的信息服务，比如图书馆的服务模式，它是以学科化信息服务为主，为学科领域的发展奠定了深厚的基石。

三、建立特色的信息服务模式

随着数字图书馆发展的逐步深入，具有特色信息服务的第三代数字图书馆深受用户青睐。图书馆主要通过以下方式提供特色服务：特色的信息定制服务、特色的信息推送服务、特色的知识决策服务（数字资源检索整合系统、特色的推荐系统、网络在线服务系统）、特色信息检索系统等。为了使教学科研的需求充分解决，可以创建定期的定题跟踪服务系统，比如开展"专题信息服务"活动，为用户确立正确的科研方向和发展思路奠定了基础。为了满足用户对信息的多样化需求，可以为用户提供个性化、电子版的专题信息服务，可以通过面向校外用户建立信息检索服务的方式，满足企业及校外潜在用户的信息需求。例如卡尔加里大学图书馆就专门针对校外用户建立了一个客户收费信息服务站，通过这个方法，不仅可以得到无形资产和收益，而且也可借此打造学校的品牌形象。通过与校外新老客户的合作与维系，沉淀客户资源，挖掘出更多的潜在客户。

微信作为目前比较完善的服务形式之一，突破了图书馆服务的时空限制，并且更便于读者和馆员之间的交流。因此，立足读者，跟随通信技术的发展，利用微信公众服务平台来划分读者群体，规划与完善服务项目是做好图书馆个性化服务的前提与基础，而馆员的及时反馈与跟进是做好个性化服务的关键与保障。

（一）前提：划分读者群体

对读者群体进行划分是图书馆开展个性化服务的前提，通过馆员与被细化的读者群体进行对接，可以提高图书馆针对性服务效率，更有利于落实、延续和深化图书馆个性化服务。划分依据可从以下两方面考虑：一是如何划分读者群体更有利于馆员提供个性化服务；二是在发布信息、提供不同服务项目时其信息适应的是哪些读者群体。高校图书馆的服务对象主要是教师读者和学生读者，微信公众服务平台的设计在充分考虑这两大群体需求的基础上，也要对群体进行细化。

其中，学生读者群体自身具有一定的流动性，并且由于学历、专业、学期的不同，学生信息需求也各不相同，所以除了要按学历进行划分外，也要有按院系、专业、年级的划分。对图书馆所提供的服务项目而言，针对学生的一些服务具有一定的循环性和重复性。因此，在设置服务项目、进行信息发布或推送时要充分考虑以上特点。

相对于学生读者，教师读者群体的稳定性较高，除了教师队伍的稳定性外，教师自身的知识背景、所从事的教学活动都具有一定的稳定性，且教师所进行的科研项目之间具有一定的关联性。借助于微信公众平台，将教师读者以专业进行划分更有利于图书馆员与教师个体进行深入交流。

总之，将专业相同的教师和本专业不同年级的学生纳入同一个馆员的服务职责范围内，可以在信息发布、资源推送、个性化咨询、代查代检等方面提供点对点服务。服务群体的专业化为信息检索技能找到专业依附，可以使馆员将有限的精力集中在某一特定专业上，以利于对专业信息的深入研究，提高为师生提供专业信息服务的能力。

（二）基础：规划与完善服务项目

服务项目的设置要体现"读者本位"理念，考虑不同读者群体不同时期的不同需求，有针对性地提供服务，进而设定服务项目。微信公众平台现有服务项目分散，服务多停留在表面，很难持续吸引读者并为读者提供深层次服务。总结以往图书馆推出的众多服务形式，为避免微信公众平台服务出现空壳效应而流于形式，需要对现有服务项目进行反思，完善服务内容，注重馆员信息发布与读者之间的对接，将图书馆服务项目进行重新规划，进而找到一种广受读者欢迎的服务模式。

（1）规划并完善现有服务项目。将目前的读者绑定、信息发布、借阅服务、读者咨询及部分学科服务项目重新规划，一旦读者完成绑定，即可进入专属界面，接收并自动显示与自身属性相关的公告信息、借阅信息、到期提醒等。

（2）新增一些服务项目。如与学生学习相关的课表查询、成绩查询，与学生生活相关的公交查询、天气查询以及与学生就业相关的行业企业微信订阅等。

（3）落实个性化服务。借助微信平台的用户识别系统对读者进行分组管理，使读者进入与馆员一对一的咨询界面，突破读者咨询的时空限制。

（4）做好各服务项目与微信平台的对接。如数据库、教务信息查询等与平台的对接。

（三）关键：馆员的及时反馈与跟进

对读者的划分、服务项目的设置及与平台的对接是微信公众平台服务的阶段性任务。服务项目的最终落实者是馆员，其反馈与跟进情况决定了图书馆微信公众平台的服务质量，馆员的及时反馈与跟进是提高读者参与度的关键，对平台能否受到读者的持续关注具有决定性影响。

目前图书馆提供学科服务，基本上是馆员通过电话、QQ与院系教师保持联系，与院系学生的联系尚属空白。而微信平台的出现，无异于为学科馆员与专业教师和同专业学生之间架起了一座桥梁，使馆员与读者之间可以无障碍沟通。图书馆服务可以深入到学生，如提供新生培训、学生学业资料咨询、文献检索授课以及毕业论文写作、就业信息咨询等。此外，图书馆的一些阅读信息、讲座信息、书评比赛、读书活动等都可以推送给对口专业的学生。对教师而言，除了提供有关图书馆利用方面的咨询外，还可以为特定教师提供课题资料、教学研究资料等。另外由于教师队伍及其研究的稳定性特点，通过与教师长期的接触与沟通，馆员还可以深入教师群体，挖掘其隐性信息需求。如对教师在学术论文写作中经常出现的参考文献著录不标准、符号不标准、图表问题等进行针对性的信息推送，也可针对教师在论文投稿过程中出现的问题进行相关信息的普及。

四、增加信息推送服务的主动性模式

很多高校图书馆的服务模式都是将图书馆工作人员作为高校用户与信息资源之间往来的桥梁。用户可以根据自己的需要向图书馆员索要资料，图书馆员根据现有图书情况和读者需求提供资料。这种"读者要什么，图书馆就提供什么"的服务方式过于单一和片面。这种看似和谐的服务方式毫无技术含量，不能满足用户的大量需求，使读者和图书馆之间形成了潜在矛盾。因为读者对图书馆的真实情况非常模糊，图书馆也无法获取读者的阅读习惯，图书馆在文献信息更新和传递方面更加滞后和缓慢，大大降低了读者获取信息的效率。所以，在实现全媒体信息化的当下，图书馆应增加信息推送的主动性服务，通过定期收集用户的阅读资料以及阅读习惯进行预测与分析，推断用户的潜在需求，通过互联网、短信等方式主动向用户介绍图书馆服务和馆藏资源的最新动态，还可以根据用户习惯向其推荐图书馆的最新服务信息，并定期与用户进行沟通交流，让用户对服务进行客观评价，对评价不好的结果及时采取有效措施，全面提升服务质量。

（一）高校图书馆信息推送服务存在的问题

信息推送服务作为高校图书馆管理服务中的重要组成部分，极大地提高了图书馆的服务效率，丰富了读者获取信息的途径，直接推动了我国高校图书馆信息化建设的步伐。然而，信息推送技术作为一门新技术在我国高校图书馆中起步相对较晚，因此，现有的高校图书馆信息推送服务研究还存在一些问题。

1.推送内容来源狭窄

信息推送内容作为信息推送服务的主体，是为用户提供服务的基础，其质量的高低直接决定了信息推送服务的成功与否。目前，高校图书馆的信息推送内容主要包含图书馆馆藏的纸制和电子文献资料、图书馆自建的特色信息以及相应的活动公告。而这些信息相对比较单一，对用户的吸引力也不是很高。另外，现有的图书馆推送信息内容主要由图书馆工作人员根据本馆的信息进行整理进而推送给用户，这种方式不仅增加相应工作人员的工作量，同时由于没有深入了解用户的需求，使得所推送出的信息内容很大程度上成为"信息噪音"，不能为用户所使用。

2.推送服务方式单一

信息推送服务方式作为信息推送服务的渠道，为用户提供了一个接受信息的载体，是决定用户能否快速、准确接收推送信息的关键因素。然而现有国内高校的信息推送服务方式相对比较单一，并且推送范围也相对比较狭窄，大多局限于图书馆所使用的信息推送软件，如清华大学图书馆 TPI 系统、中国人民大学的 DLPers 推送服务系统、厦门大学图书馆知识资源港软件等。这些软件在集成个性化推送信息服务方面也相对比较薄弱，缺乏整合的资源和服务项目，不便于用户的个性化使用。另外，随着 RSS、博客、微信、QQ 空间、人人网等网络信息技术的发展和平台的构建，信息推送服务面临着更加个性化的需求。

（二）高校图书馆信息推送服务模式

高校图书馆作为高校师生用户获取知识信息的主要信息部门平台，必须具有快速、高效、科学合理的服务模式。通过对现有的高校信息推送服务进行分析，可以发现，高校图书馆信息推送服务过程主要包含推送内容获取、推送内容传送以及推送内容收取等过程。其中，信息获取主要是指图书馆工作人员根据不同的渠道来源获取到用户所需要的信息以及热门的知识信息，并将这些信息进行有效地整合和集成的过程；而推送内容传递主要是指高校图书馆工作者根据不同的用户需求将所整理的信息以不同的推送模式、通过不同的推送渠道将整理后的信息推送给不同用户，满足不同用户的信息需求的过程。

推送内容获取、推送内容传送作为信息推送服务模式的主体框架，是整个信息推送服务模式的关键模块。信息推送内容获取模块作为信息推送模式平台的信息收集器，将所获得到的用户资源、馆藏资源以及其他馆外信息资源进行筛选整合，是信息推送服务的信息源泉。而信息推送服务方式主要是根据现有的信息推送渠道，根据用户的不同需求以用户最容易接收的方式推送给用户。

1. 推送内容获取

网络技术的快速发展，为知识信息的及时传送提供了有力保障，致使高校图书馆用户对知识信息的求新求快需求也越来越强烈。相对于以往的高校图书馆用户，现在的用户更注重于信息的时效性，更加迫切地想获取到内容新颖、时效性强以及易于获取的各类信息。而这就需要图书馆工作人员在现有的网络信息环境条件下对相关信息进行收集获取。

（1）信息抽取。信息抽取是结合浅层简化的文本抽取技术，对结构化、半结构化以及非结构化的文本信息进行理解并抽取概要信息的过程。现有的信息抽取技术主要包含知识发现、数据挖掘、信息检索等技术。针对高校图书馆信息推送服务，使用信息抽取技术主要是指图书馆工作人员结合本校所有的信息抽取技术，在本校馆藏书籍以及其他信息客体上，对不同时间段的热门信息以及不同学科领域的专业知识进行信息抽取。

信息抽取技术同样可以帮助图书馆工作人员实现对用户的需求以及兴趣进行抽取，从而构建用户兴趣模型，实现对用户的个性化信息推送。如针对用户的日常浏览记录，结合信息抽取技术实现对用户的兴趣、近期阅读需求以及阅读习惯的统计，同时根据高校图书馆中所记录的用户注册信息构建不同的用户模型。进而，图书馆信息推送平台可以将不同时段所要推送的信息与不同的用户信息进行比对，有针对性地对不同用户进行信息推送，达到其个性化需求。

（2）用户反馈。用户是信息推送服务的对象，也是图书馆信息推送服务质量的最终评判者。而高校图书馆信息推送服务的对象主要是校内工作的老师和学生。因此，高校图书馆可以主动借助各种渠道和技术手段，充分及时地了解用户的信息需求，并通过对用户以及用户的需求反馈进行分析和分类，发掘不同类用户在不同阶段的信息需求，进而可以有针对性地去获取最新的信息，并利用信息推送技术及时将有关信息反馈给用户。

2. 推送内容传送

推送内容传送主要是借助现代信息交流工具，为用户与资源、用户与图书馆员之间的有效沟通提供信息传递的渠道。针对高校图书馆用户的特殊性，在信息推送的过程中可以结合广播式的"一对多"和个性化的"一对一"的信息传送方式实现推送信息内容传送。

（1）"一对多"信息传送方式

"一对多"信息传送方式主要是指在高校图书馆信息推送服务中，将一些公共的信息以广播的形式向全校用户进行信息传送。其中，公共信息主要是指一些与学校或图书馆相关的公共新闻、最新活动以及学术动态等信息。而这类信息的推送方式主要是指图书馆已建成的图书馆门户网站、信息推送服务软件以及学校或图书馆公共博客平台等。这种信息传送方式具有广泛性和方便性，不仅能够使高校用户根据自我需求进行选择性的浏览，同时能够实现信息的广泛传播。

（2）"一对一"信息传送方式

"一对一"信息传送方式主要是根据不同用户的需求，有针对性地将所要推送的信息传送给不同的用户，同时，可以通过定制服务，将用户所定制的信息主动地传送给用户。该信息传送方式主要以用户的个性化需求为牵引，结合所构建的用户兴趣模型，对用户实行单独的信息推送。这类信息主要包含与用户需求相关的新增电子资源和图书文献、个人借阅信息以及借阅超期通知公告等。由于这类信息属于个性化信息，因此，需要借用非广播式的传送方式进行推送，如手机短信、微信、电子邮件等。这类信息传送方式由于其持久性以及独特性，使得用户在接收推送信息的过程中，避免因接收与自我无关的垃圾信息而造成时间与精力的浪费。

参考文献

[1] 李金.大数据时代高校图书馆信息服务模式创新研究 [J].海峡科技与产业，2022，35（06）：54-56.

[2] 李卉.大数据时代高校图书馆数字资源服务创新分析 [J].电子元器件与信息技术，2021，5（04）：23-24.

[3] 刘羽中.大数据时代高校图书馆信息服务创新研究 [J].长江丛刊，2021（08）：90-91.

[4] 吴文光.数字环境下高校图书馆化学学科书籍文献信息服务分析——评《大数据时代高校图书馆智慧化学科服务研究》[J].化学工程，2021，49（01）：4.

[5] 王蕾，高翔，马波.借阅行为大数据应用于高校图书馆服务创新的路径分析 [J].大学图书情报学刊，2020，38（06）：107-110+120.

[6] 樊秋萍.浅谈大数据背景下高校图书馆个性化信息服务模式创新 [J].财富时代，2020（09）：226-227.

[7] 张璐.大数据时代高校图书馆信息素养创新教学分析 [J].图书情报导刊，2020，5（08）：20-25.

[8] 王昊，贾璨.大数据背景下高校图书馆个性化信息服务模式创新 [J].办公自动化，2020，25（11）：32-34.

[9] 邓静智."互联网＋大数据"背景下广西高校图书馆读者服务创新化发展策略研究——基于广西财经学院图书馆数据的 SWOT 分析 [J].产业与科技论坛，2020，19（07）：116-117.

[10] 吴俊绒.大数据时代高校图书馆服务创新策略研究——评《大数据时代高校图书馆信息服务创新研究》[J].新闻爱好者，2019（12）：106-107.

[11] 赵昕，高珑，王祥伟.大数据时代高校图书馆信息服务趋势分析 [J].产业与科技

论坛，2019，18（19）：121-122.

[12] 赵战曲 . 基于大数据的高校图书馆信息服务创新研究 [J]. 电脑知识与技术，2019，15（07）：35-36.

[13] 张伟民 . 大数据背景下高校图书馆信息服务工作创新 [J]. 内蒙古科技与经济，2019（02）：108-110.

[14] 童亚琴 . 大数据时代下高校图书馆信息服务创新与发展研究——评《大数据时代高校图书馆信息服务创新研究》[J]. 高教探索，2018（12）：142.

[15] 严春来 . 大数据背景下国外高校图书馆信息化研究主题领域可视化分析 [J]. 农业图书情报学刊，2018，30（11）：82-89.

[16] 胡颖 . 试论大数据时代高校图书馆信息服务创新与发展 [J]. 报刊荟萃，2018（09）：123.

[17] 强威 . 大数据背景下贵州高校图书馆信息服务现状与发展——基于图书馆网站的内容分析 [J]. 新西部，2018（18）：43-44.

[18] 高媛 . 基于大数据分析技术的智慧图书馆信息服务模式研究 [J]. 农业图书情报学刊，2018，30（06）：189-192.

[19] 崔晓红 . 大数据时代高校图书馆信息服务创新研究与发展策略 [J]. 发明与创新（大科技），2018（06）：62-63.

[20] 刘军军 . 大数据时代高校图书馆信息服务模式创新研究 [J]. 图书馆学刊，2017，39（11）：60-62.

[21] 赵颖星 . 大数据环境下高校图书馆移动信息服务优化策略分析 [J]. 中国管理信息化，2018，21（04）：155-156.

[22] 王蕾 . 媒介融合语境下高校图书馆如何联合开展移动信息服务——评《大数据时代高校图书馆信息服务创新研究》[J]. 新闻爱好者，2018（01）：115-116.

[23] 王俊 . 大数据时代高校图书馆信息服务创新分析 [J]. 科技传播，2017，9（05）：110-111.

[24] 王鑫平，李蔚洪 . 基于大数据分析的高校图书馆信息服务创新研究 [J]. 科技广场，2016（10）：114-117.

[25] 程时星 . 基于云平台的大数据分析与高校图书馆服务研究 [J]. 科技情报开发与经济，2015，25（14）：38-39.

[26] 陈宇碟 . 大数据背景下我国高校图书馆移动信息服务优化研究 [D]. 吉林大学，2015.

[27] 夏秀双 . 大数据环境下高校图书馆个性化信息服务研究 [D]. 曲阜师范大学，2015.

[28] 韩雪 . 大数据时代的高校图书馆建设 [J]. 科技资讯，2014，12（18）：251.